Emanuel Leser

Untersuchungen zur Geschichte der Nationalökonomie

Emanuel Leser

Untersuchungen zur Geschichte der Nationalökonomie

ISBN/EAN: 9783743682375

Hergestellt in Europa, USA, Kanada, Australien, Japan

Cover: Foto ©Suzi / pixelio.de

Weitere Bücher finden Sie auf **www.hansebooks.com**

Untersuchungen

zur

Geschichte der Nationalökonomie.

Von

Dr. Emanuel Leser,

Docent der Staatswissenschaften an der Universität Heidelberg.

I. Heft.

I. Aus der Lebensgeschichte des Adam Smith.

II. Robert Malthus als Entdecker der modernen Grundrentenlehre.

Jena,

Verlag von Gustav Fischer

vormals Friedrich Mauke.

1881.

Vorrede.

Die Bearbeitung einer allgemeinen Geschichte der Nationalökonomie ist mit besondern Schwierigkeiten verknüpft. Einerseits haben sich an der Ausbildung dieser Wissenschaft in
früherer Zeit wie in den letzten Jahrzehnten eine grosse Anzahl verschiedener Völker betheiligt, die zwar nicht alle in
demselben Grade sich verdient gemacht haben, deren Litera-
turerzeugnisse aber wenigstens mit einiger Verhältnissmässig-
keit zu sammeln und zu berücksichtigen sind. Andrerseits
ist es nicht ein abgeschlossener Kreis von Fachgelehrten, aus
deren Mitte allein den Theorieen eine Förderung und Ausbildung zu Theil geworden; vielmehr haben Juristen, Philoso-
phen, Dichter, Gewerbtreibende, Politiker sowie auch zahlreiche Dilettanten neben den berufsmässig vorgebildeten Forschern sich an der Bearbeitung einzelner wichtiger Probleme
versucht. Das Zusammenwirken beider Umstände hat zur
Folge, dass das Unternehmen, die bisherige Entwickelung der
Nationalökonomie zu schildern, auch wenn es unter den gün-
stigsten Bedingungen begonnen wird, nur ein unvollkommenes
Ergebniss liefern kann. Denn da die Kenntniss und gründ-
liche Durchforschung aller Schriften, von denen es denkbar
wäre, dass sie eine Ausbeute ergeben, an die Unmöglichkeit
gränzt, so wird es in vielen Punkten mehr oder minder Sache
des Zufalls sein, ob eine glückliche Hand aus der Fülle des
Materials gerade das Bedeutende und Massgebende herausgreift.
Desshalb scheint es mir von Werth zu sein, wenn wenigstens
Jeder, der über eine erheblichere Frage aus der Geschichte
der Nationalökonomie durch vollkommnere Hülfsmittel oder

eine veränderte Betrachtungsweise neue Aufschlüsse gewonnen
zu haben glaubt, dieselben der Oeffentlichkeit unterbreitet.
Von diesem Gesichtspunkte aus habe ich es gewagt, zunächst die nachfolgenden beiden Aufsätze dem Druck zu übergeben. Es ist ein Punkt der äusseren Geschichte und ein
wichtiger Punkt der Dogmengeschichte, die ich zu behandeln
versuchte. In beiden Aufsätzen habe ich Quellen benutzt,
denen bisher wenig Beachtung geschenkt worden ist, und die
doch zu andern Auffassungen veranlassen, als die gewöhnlich
vorgetragenen sind. In der Abhandlung über „Smith" ist mein
Bemühen namentlich darauf gerichtet, die Ansicht zu begründen, dass der berühmte Nationalökonom vor der Herausgabe
seines grossen Werkes mehrere Jahre in London gelebt und
gearbeitet habe. Gegenüber der sonstigen Ueberlieferung war
es nur dann möglich, zu einer solchen Annahme zu kommen,
wenn einmal der Versuch gemacht wurde, aus dem Burton'-
schen Werke über Hume alle auf Smith bezüglichen Notizen
zusammenzustellen. In dem zweiten Aufsatz ist erörtert, welches Verdienst Malthus um die Rentenlehre hat. Auch die
Meinung, für welche ich hier eingetreten bin, liess sich nur
mit Hülfe einer kleinen Schrift aus dem Jahre 1815 gewinnen,
die, wie es scheint, auf dem Continent noch nicht benutzt
worden war.
Sollte die Kritik die Anschauung billigen, dass mit solchen Einzeluntersuchungen, die unternommen werden, je nachdem die Richtung der Studien oder das verfügbare Quellen-
material dazu auffordert, der Wissenschaft ein Dienst geleistet
werden kann, so wäre ich in der Lage, in einem zweiten
Hefte demnächst die folgenden Aufsätze erscheinen zu lassen:
„Ueber Hermann's Kapitalbegriff"; „Anschauungen über Dop-
pelwährung in Deutschland um die Mitte des achtzehnten
Jahrhunderts"; „Die Preislehre in England zur Zeit der Theuerung von 1764—1768".

Heidelberg, 14. Februar 1881.

Inhalt.

I. Aus der Lebensgeschichte des Adam Smith . . . S. 1

II. Robert Malthus als Entdecker der modernen Grundrentenlehre . . . . S. 46

I.

Aus der Lebensgeschichte des Adam Smith.

Die „Untersuchung über den Reichthum der Nationen" ist eine so staunenswerthe Erscheinung in der Literatur, dass wir auch auf den kleinsten Umstand Werth legen müssen, durch welchen der Ursprung des Werkes aufgeklärt wird. Darum verdienen die äusseren Lebensschicksale des A d a m Smith von Seiten des Geschichtschreibers der Nationalökonomie das genaueste Studium, so bereitwillig man auch zugeben mag, dass im Allgemeinen die Geschichte der Wissenschaften nicht eine Geschichte von Personen und Ereignissen, sondern von Anschauungen und Lehrsätzen sein soll. Von den neueren Bearbeitungen der S m i t h'schen Lebensgeschichte muss nun aber das Urtheil gefällt werden, dass in keiner einzigen auch nur diejenigen Daten, die bereits in gedruckten Werken zerstreut vorliegen, mit Vollständigkeit gesammelt sind. Wir sehen ab von den sehr zahlreichen Darstellungen, in denen grössere Irrthümer oder kleinere Ungenauigkeiten in Menge aufstossen[1]); allein auch die besseren Behandlungen des Ge-

---

[1) Voll unrichtiger Angaben sind die anderthalb Seiten, die A. O n c k e n, Adam Smith in der Culturgeschichte S. 3 und 4, dem biographischen Theil seines Gegenstandes gewidmet hat; da lässt er zuerst S m i t h an der Universität Edinburgh als Privatdocent der Philosophie sich habilitiren; dann setzt er die Berufung nach Glasgow in das Jahr 1752 und sagt, sie sei für die Fächer Logik und Moralphilosophie erfolgt; er lässt S m i t h mit den Pariser Encyclopädisten zwei Jahre lang persönlich verkehren; nach der Rückkehr aus Frankreich, heisst es weiter, sei S m i t h schottischer Zollkommissär geworden und habe in dieser „mühelosen und einträglichen Stellung" sein nationalökonomisches Werk geschrieben! — Auffallend ist, dass auch der fleissige K a u t z, (die geschichtliche Entwickelung der Nationalökonomik, S. 417 — 419), in der Schilderung des S m i t h'schen Lebens eine Anzahl Irrthümer sich zu Schulden kommen lässt, wie er denn beispielsweise für die Reise nach Frankreich das Jahr 1763 statt 1764 angibt, von einem Aufenthalt in Italien spricht (wahrscheinlich Geneva, Genf, mit Genua verwechselnd), die Ausarbeitung des „Reich-

1 *

genstandes begnügen sich im Wesentlichen damit, ciner einzigen Originalquelle zu folgen, die, wenn auch einen meist zu-
verlässigen, doch keinen erschöpfenden Bericht enthält. Fassen
wir beispielsweise eine der neuesten einschlägigen Arbeiten in
das Auge, den Aufsatz des trefflichen Walter Bagehot,
der sich speziell die Schilderung des „Adam Smith als Menschen" zur Aufgabe setzt [1]), so zeigt sich der Verfasser, abgesehen von der Bekanntschaft mit der von Dugald Stewart herrührenden ältesten Biographie [2]), kaum irgendwie mit
weiteren Quellenstudien ausgerüstet. Auch Mac Culloch hat in
der Vorrede zu der ersten von ihm veranstalteten Ausgabe des
Wealth of nations [3]) selber zugestanden, dass die an der Spitze
befindliche Biographie des Verfassers „in der Hauptsache ein
Auszug aus der werthvollen Abhandlung Dugald Stewart's"
sei. In den späteren Auflagen freilich, die eine so grosse
Verbreitung erlangt haben, sind vielfach neu entdeckte Thatsachen in die Darstellung verwoben und erhöhen den Werth
derselben um ein Bedeutendes. Allein wenn auch Mac Culloch mit seiner ausgedehnten Literaturkenntniss interessante
Notizen aus den verschiedensten Fundorten zu gewinnen wusste,
so hat er doch von den nachträglich herangezogenen Quellen
keine einzige mit ähnlicher Gründlichkeit ausgenutzt wie das
alte Fundament seines Berichtes, die Stewart'sche Biographie. Und doch ist wenigstens eines unter den neueren Werken vorhanden, welches, ganz unabhängig von Stewart,
nicht blos über vereinzelte Vorfälle, sondern über die meisten
wichtigen Epochen der Smith'schen Lebensgeschichte die werth-

thums der Nationen" erst 1771 beginnen, die Uebersiedelung nach London der
Veröffentlichung dieses Werkes nachfolgen lässt.

1) Bagehot, Adam Smith as a person, in der Fortnightly Review, N.
S. vol. 20 (1876) p. 18 — 42; auch in französischer Uebersetzung im Journal
des économistes (sept. 1876) 3. sér., vol. 43, p. 323—49.

2) Zuerst erschienen 1793 in den Transactions of the Philosophical Society
of Edinburgh vol. III; ich citire nach den Essays on philosophical subjects by
the late Adam Smith (ed. Basil 1800), wo die Biographie die Einleitung bildet.

3) Diese erste Ausgabe erschien 1828 in vier Bänden. Aber auch noch
in der ersten Gross-Oktavausgabe von 1838 finden sich die nämlichen Worte,
die erst später mit Grund geändert wurden.

vollste Aufklärung enthält. Dieses Werk ist die Biographie
David Hume's, welche im Jahre 1846 John Hill Burton
veröffentlicht hat, hauptsächlich auf Grund von Hume's lite-
rarischem Nachlass, der handschriftlich in Edinburgh verwahrt
wird [1]). So möge es denn zuerst gestattet sein, im Zusammenhang zu untersuchen, welche Ausbeute diese zwei inhalt-
reichen Bände auch für die Biographie des Adam Smith
gewähren, namentlich aber in welchem Umfange sie neben der
Darstellung von Stewart als eine Controle und Ergänzung
derselben sich benutzen lassen. Daran soll dann die Betrachtung einiger weiterer wenig beachteter Quellen der Smith'-
schen Lebensgeschichte gereiht werden.

Nach Burton geschieht des Adam Smith in der Hume'schen Correspondenz zum ersten Mal bereits im Jahre 1740
Erwähnung. In einem Briefe vom 4. März 1740 (Burton I,
p. 116) schreibt Hume an Hutcheson von einem „Herrn Smith",
dem der Buchhändler ein Exemplar eines Hume'schen Werkes geschickt hat. Burton meint, man könne ruhig annehmen, dass hier Adam Smith gemeint sei, „der — so setzt
er hinzu — damals Student in Glasgow war und offenbar von
Hutcheson so hochgestellt wurde, dass dieser Hume zum
Geschenk des Buches veranlasste". Mit dieser Bemerkung jedoch zeigt der Herausgeber, dass er den Sinn der Briefstelle
nicht vollständig und nicht ganz richtig erfasst hat. Hume's
Worte lauten nämlich wie folgt: „Mein Verleger hat an Herrn
Smith ein Exemplar meines Buches geschickt, das er hoffent-
lich ebenso wie Ihren Brief erhalten hat. Ich habe noch nicht erfahren, was er mit dem Auszug (abstract) gemacht hat; vielleicht
haben Sie es. Ich habe ihn in London drucken lassen, aber
nicht in den „Werken der Gelehrten" u. s. w." Wir sehen
hieraus, dass in den Händen des betreffenden Smith dreier-
lei Dinge sich befinden sollen: ein von Hume geschriebenes
Buch, ein Brief Hutcheson's und ein Auszug. Hume hatte
damals erst ein Werk veröffentlicht, die „Abhandlung über
die menschliche Natur", und auch davon nur die zwei ersten

1) Life and Correspondence of David Hume. By John Hill Burton, Esq.,
Advocate, 2 voll., XVII u. 480 — VII und 534 pp., Edinburgh 1846.

Bände[1]). So kann es sich also bei der Sendung des Buchhändlers an Smith nur um diese gehandelt haben. Der dritte
Band des Werkes war zwar vollendet, aber noch nicht gedruckt.
In einer noch weniger bestimmten Wendung ist dann zweitens
die Rede von einem „Auszug", und darüber scheint Burton
vollständig weggelesen zu haben. Allein nur um so begieriger
werden wir sein zu erfahren, was es mit diesem „Auszug" für
eine Bewandtniss hat. Nun bezeichnet Hume auch sonst[2])
mit dem nämlichen Ausdruck Inhaltsangaben, Selbstanzeigen,
die ein Autor von seinem eignen Werke schreibt, und so dürfen
wir ohne Bedenken annehmen, dass der junge Philosoph damals in einem kurzen Abriss den Gedankengang einer grösseren Arbeit angedeutet hatte, um dadurch auf die letztere
— und es handelte sich dabei doch wahrscheinlich auch um
die zwei ersten Bände der „Abhandlung über die menschliche
Natur" — die Aufmerksamkeit des Publikums zu lenken. Diesen Aufsatz liess er einerseits in einer Londoner Zeitschrift
drucken, bediente sich aber ausserdem, um ihn noch ander-
wärts zu verbreiten, der Vermittelung des „Smith". Aus dem
ganzen Zusammenhang des Briefes geht hervor, dass Hutcheson näher mit diesem „Smith" bekannt war als Hume
selbst; er hat ihn ohne Zweifel zu dieser Vermittelung
empfohlen, nicht zur Empfangnahme eines Buches, wie Burton meint. Das Geschenk des Buches folgte vielmehr naturgemäss als eine Pflicht der Höflichkeit aus dem Dienst, der

---

1) Ein Theil der Bibliographen (z. B. Brunet, Lowndes) lassen die
drei Bände des Treatise of human nature zusammen im Jahre 1739 erschienen
sein; andere (z. B. Adelung-Jöcher) machen sich noch grösserer Ungenauigkeiten schuldig. Nur Burton (Life and Correspondence of Hume I. 120)
sagt, dass der dritte Band 1740 bei Longman herauskam. Diese letztere Angabe ist gewiss die richtige. Denn es ergibt sich mit aller Bestimmtheit aus
einem Brief an Hutcheson vom 16. März 1740 (Burton, a. a. O., I. 117),
dass Hume zu diesem Zeitpunkt, während er für die zwei ersten bei John
Noone erschienenen Bände schon auf eine zweite Auflage hoffte, für den dritten noch nicht einmal einen Verleger gewonnen hatte.

2) Vgl. den Brief an Reid über dessen Inquiry into the human mind
(Burton, a. a. O., II. 153): To this reason, chiefly, I ascribed some obscuri-
ties, which in spite of your short analysis or abstract still seem to
hang over your system.

dem Verfasser geleistet wurde. Es ist nun aber auch noch
von einem Brief die Rede, den Hutcheson an Smith, gewiss in der Angelegenheit des „Auszugs", gerichtet hat.
Daraus folgt denn doch, dass Smith nicht am Wohnort Hutcheson's,
des Professors an der Universität Glasgow, gelebt hat. Die
Behauptung Burton's, dass in unsrer Stelle von Adam
Smith als Studenten der Glasgower Universität gesprochen
werde, erscheint demnach als unhaltbar. Vielmehr stehen wir
vor folgender Alternative: entweder es ist hier ein ganz anderer Smith gemeint, oder der nachmals berühmte Adam
Smith war Anfangs März 1740 kein Student von Glasgow.
Durch Stewart[1]) haben wir Kenntniss von dem Bildungs-
gang, den Adam Smith verfolgt hat. „Von der Elementar-
schule in Kirkaldy", so heisst es dort, „wurde er 1737 auf die
Universität Glasgow geschickt, wo er bis 1740 blieb, um dann
in das Balliol-College in Oxford überzugehen." Dieser Bericht
steht wenigstens nicht im Widerspruch mit der Annahme,
dass Smith im März 1740 anderswo als in Glasgow sein Domizil hatte; er erscheint aber auch zunächst nicht als eine
Bestätigung, denn der Weggang fällt eben in das Jahr 1740,
und wir erfahren nicht, in welchen Monat. An einer späteren Stelle[2]) jedoch sagt Stewart, der Aufenthalt in Oxford
habe sieben Jahre gewährt, darauf habe Smith zwei Jahre
bei seiner Mutter gelebt und dann „im Jahre 1748" sich
in Edinburgh niedergelassen. Danach hätte also zwischen dem
Bezug der Universität Oxford im Jahre 1740 und der Niederlassung in Edinburgh im Jahre 1748 ein Zeitraum von neun
Jahren gelegen. Das ist offenbar nur möglich, wenn der Aufenthalt in Edinburgh erst mit dem Ende, dagegen der in Oxford mit dem Anfang des Jahres begonnen hat. Stimmen
also bei genauerem Zusehen die Angaben des Stewart auf
das Vollkommenste mit der von uns gemachten Voraussetzung,
unter welcher allein die Stelle im Hume'schen Brief auf
Adam Smith bezogen werden kann, so liegt kein Grund vor,
diese Deutung abzuweisen, bei welcher nun auch umgekehrt

---

1) Smith, essays on philosophical subjects (Basil ed. 1800) p. IV.
2) Ebd. p. VII u. VIII.

die hohe Zuverlässigkeit des Stewart'schen Berichtes in ein glänzendes Licht tritt. Hat es doch auch eine erhebliche innere Glaubwürdigkeit, dass Hutcheson seinen ausgezeichneten Schüler Smith, den er eben nach Oxford entlassen, aufgefordert hat, in dieser entfernten Gelehrtenstadt im Interesse eines gemeinsamen Landsmannes einige Schritte zu thun. Ausserdem aber ist noch ein äusseres Zeugniss vorhanden, welches die Wahrscheinlichkeit, dass Adam Smith in jener Briefstelle gemeint sei, verstärkt. Es hat sich nämlich eine Ueberlieferung erhalten, wovon noch neuerdings Mac Culloch und Bagehot Notiz nehmen, und der zu Folge Smith in Oxford die Schriften Hume's studirt und sich dadurch von Seiten der frommen Lehrer Unannehmlichkeiten zugezogen hätte [1]). Diese in ihren Einzelheiten allerdings unglaubwürdige Sage konnte offenbar besonders leicht entstehen, wenn die Bekanntschaft des Studenten mit der Person Hume's und mit dessen Schrift „über die menschliche Natur" eine notorische war. So gestattet uns wohl dieser Brief an Hutcheson, der bisher von den Biographen des Adam Smith nicht beachtet worden ist, eine Frage zu entscheiden, die schon Dugald Stewart aufgeworfen, aber nicht zu beantworten gewusst hat, die Frage nämlich, in welchem Zeitpunkt Hume und Smith zuerst mit einander in Verbindung traten [2]). Zugleich werden wir uns Smith als einen ungewöhnlich früh gereiften Geist vorstellen müssen, wenn wir sehen, dass in seinem siebzehnten Lebensjahr die zwei grössten Denker seines Heimathlandes ihn wie einen Gleichstehenden behandeln.

Während der nächstfolgenden Jahre, die eben Smith als Student in Oxford verbrachte, Hume aber meist im Auslande

---

1) Macculloch (Ausg. d. Wealth of nations v. 1870) p. II. Bagehot i. d. Fortnightly Review a. a. O. p. 22. Skarżynski, Adam Smith als Moralphilosoph und Schöpfer der Nationalökonomie S. 51 n., citirt für diese Erzählung „Stewart's Biographie A. Smith's"; aber gerade bei Stewart findet sich Nichts davon.

2) Stewart, a. a. O. p. VIII: at what particular period his acquaintance with M. David Hume commenced, does not appear from any information that I have received.

war, begegnet begreiflicher Weise keine weitere Spur einer
Verbindung mit dem letzteren. Aus der späteren Zeit dagegen,
in der die beiden Männer sich wieder nahe traten und allmählich von einer herzlichen Freundschaft zu einander erfüllt
wurden, besitzen wir zahlreiche Zeugnisse ihres regen Ver-
kehrs. Denn die Landsleute, die beide so häufig ihre Stellung
und ihren Aufenthalt verändert haben, für deren Lebensgeschichte auch eine Mehrzahl der gleichen Plätze eine hervorragende Wichtigkeit besitzen, haben zu keiner Zeit den nämlichen Wohnort getheilt und blieben daher fast stets darauf
angewiesen, eine briefliche Verbindung zu unterhalten. Edinburgh, Paris und London sind die drei Städte, in denen Hume
den grössten Theil seiner Mannesjahre zugebracht hat. An
jedem dieser Orte hat auch Smith einmal für längere Zeit
gelebt. Aber es geschah nie zu der nämlichen Zeit, dass
Smith und Hume an dem gleichen Orte ihr Domizil aufge-
schlagen hatten, und fast immer nur zu dem ausgesprochenen
Zwecke, sich zu besuchen, fanden sie sich in der nämlichen
Stadt zusammen. Freilich erfahren wir, dass Smith ein trä-
ger Correspondent war. So schreibt ihm Hume z. B. am
8. Februar 1776: „ich bin ein so lässiger Briefschreiber wie
Sie"[1]), und am 3. Mai 1776 in seiner heiteren Weise: „wenn
Sie an mich schreiben (hm! hm!)"[2]). So dürften in der Correspondenz der Freunde die von Hume geschriebenen Briefe
die zahlreicheren und ausführlicheren gewesen sein, und gerade
von ihnen, die ebenfalls unter Hume's nachgelassenen Papieren aufbewahrt werden[3]), theilt Burton das Meiste mit[4]).

Aber schon bevor die Reihe der an Smith gerichteten Briefe
beginnt, gewährt ein mitgetheiltes Schriftstück, obgleich es

1) Burton, a. a. O., II. 483.
2) Ebd. p. 492.
3) Burton, a. a. O., Vorrede, I. p. IX : to these the Baron seems to have
been enabled to add the originals of many of the letters addressed by him to
his intimate friends, Adam Smith, Blair, Mure and others.
4) Dass in den Edinburgher Manuscripten noch Briefe von Smith unver-
öffentlicht liegen, ergibt sich aus Burton, a. a. O., II. 490 n. Gerade der
Brief freilich, den er daselbst näher bezeichnet, ist von Stewart, a. a. O. CX
u. CXI mitgetheilt.

eine andere Adresse trägt, über einen wichtigen Punkt der
Smith'schen Lebensgeschichte neuen Aufschluss. Am 21. Januar 1752 nämlich schreibt Hume an Dr. Cullen, und dankt
für die Bemühungen, ihm die Professur der Logik in Glasgow
zu verschaffen, obgleich dieselben allerdings erfolglos geblieben
seien [1]). Nun hatte diese Professur, um deren Wiederbesetzung
es sich handelte, gerade vorher Adam Smith inne gehabt,
und wir sehen also, dass ihm bereits vor dem 21. Januar 1752
ein Nachfolger gegeben war. Ueber dieses Ereigniss im Leben
des Smith haben wir sonst nur noch die Berichte bei Stewart. Dieser sagt [2]): „1751 wurde er Professor der Logik
an der Universität Glasgow und im folgenden Jahr statt dessen Professor der Moralphilosophie ebenda." Diese Nachricht
erscheint nach dem Briefe Hume's an Cullen als nicht ganz
genau. Möglich wäre es wohl, dass Smith seine Lehrthätigkeit in dem neuen Fache erst mit dem Jahre 1752 begonnen
hätte; seine Versetzung aber in die neue Stelle ist gewiss
noch in das Jahr 1751 gefallen. Denn die Verhandlungen über
die Bestellung eines Nachfolgers, die am 21. Januar bereits
geschehen war, haben sicherlich mehr als drei Wochen in Anspruch genommen, zumal mehrere gewichtige Bewerber um die
Stelle in Betracht gezogen wurden [3]). So heisst es auch in
einem von Stewart selbst mitgetheilten Bericht, den ein Zuhörer des Smith über dessen akademische Wirksamkeit abgibt, mit grösserer Genauigkeit: „Etwa ein Jahr nach seiner
Ernennung zum Professor der Logik wurde Smith auf den
Stuhl der Moralphilosophie erhoben [4])." Zugleich ergibt sich

---

1) Burton, a. a. O., I. 350, 51.
2) Stewart, a. a. O. p. IX.
3) Neben Hume unterlag auch Edmund Burke dem unbedeutenden Clow;
vgl. Burton, a. a. O., I. 351 nach Thomson, Life of Cullen, und Jardine, out-
lines of philosophical education. In einem Briefe an Dr. Clephane vom 4. Februar 1752 (Burton, a. a. O , 370) sagt Hume: my friends in Glasgow, con-
trary to my opinion and advice, undertook to get me elected into that college.
Welche Rolle übrigens Smith selbst bei den Verhandlungen gespielt hat, bedarf
besonderer Untersuchung, die sich mit dem von Burton mitgetheilten Material
nicht vornehmen lässt.
4) Stewart, a. a. O. p. XI.

aus diesen Erörterungen, dass die erste Ernennung des Smith zum Professor in Glasgow, wenn sie, wie Stewart erzählt, in das Jahr 1751 fiel, im Anfang dieses Jahres geschehen ist. So finden wir denn — und das steht vielleicht zum Theil mit damaligen Universitätseinrichtungen im Zusammenhang —, dass eine Anzahl wichtiger Ereignisse im früheren Leben des Adam Smith um die Wende des Jahres sich vollziehen. Er kommt Anfangs 1740 nach Oxford, um da bis Ende 1746 zu bleiben. Ende 1748 geht er nach Edinburgh, Anfangs 1751 nach Glasgow und erhält hier Ende 1751 eine andere Professur.

„Schon vor dem Jahre 1752 scheint die Bekanntschaft zwischen Hume und Smith zur Freundschaft geworden zu sein." So sagt Stewart[1]). In der That zeigt schon der früheste Brief an Smith, den Burton mittheilt und der vom 24. September 1752 datirt[2]), eine grosse Vertrautheit der beiden Correspondenten. Hume verhandelt darin den Plan seines Geschichtswerkes und bittet zugleich Smith um Bemerkungen für die neue Ausgabe der „moralischen und politischen Versuche". Wir ersehen hier, dass Smith der Meinung war, eine wirkungsvolle englische Geschichte müsse mit der Regierung Heinrich's des Siebenten beginnen — eine Ansicht, von der Hume selbst später bedauerte[3]), dass er ihr nicht gefolgt war. Eine Bemerkung in diesem Briefe ist für uns noch von besonderem Interesse. Sie lässt darauf schliessen, dass Smith die

---

1) a. a. O. p. VIII. — Neuere Schriftsteller, z. B. Helferich, Adam Smith und sein Werk, Ztschr. f. d. ges. Staatswissensch. Bd. 35 S. 279, denken sich, dass Hume und Smith in Edinburgh einander besonders nahe gekommen seien. Nun kehrte allerdings Mitte 1749 Hume von seinen Reisen nach Schottland zurück. Aber er lebte zuerst auf einem Landgut, in Edinburgh erst von Mitte 1751 an, als Smith schon Professor in Glasgow war. Wenn daher persönliche Begegnungen zwischen Hume und Smith den Grund zu ihrer Freundschaft gelegt haben, so können wohl solche Begegnungen gelegentlich in Edinburgh Statt gefunden haben, aber wir dürfen dabei nicht an den regelmässigen Verkehr wie zwischen Bewohnern einer Stadt denken.

2) Burton, a. a. O., I. p. 375, 76.

3) Brief an Millar vom 20. Mai 1757 (Burton, a. a. O., II. 23): I wish, I had begun here at first; I should have obviated many objections that were made to the other volumes.

Advokatenbibliothek in Edinburgh, deren Vorsteher H u m e
war, bei seinen Studien benutzte. Er hatte sich daraus gerade „Joannes Magnus" [1]) erbeten. — Hume, mit seinem grossen Geschichtswerk beschäftigt, hat in den nächstfolgenden
Jahren, wie er sich selbst beschuldigt [2]), wenig Briefe geschrieben. Mit Smith hat er ohnehin zweifellos öfters persönliche Begegnungen gehabt. Wenigstens zeigt uns der nächste
Brief H u m e's vom 17. Dezember 1754 [3]), dass die Männer
von ihren Angelegenheiten gegenseitig genau unterrichtet waren,
und es ist vielleicht auf eine vorhergegangene mündliche Unterhaltung zu beziehen, wenn das Schreiben mit den Worten
beginnt: „Ich s a g t e Ihnen". In diesem Briefe heisst es nun
in Bezug auf S m i t h, derselbe sei „augenblicklich unbeschäf-
tigt" (abgesehen von seinen Unterrichtsstunden). Daraus wird
man ein Doppeltes abnehmen dürfen. Einerseits war die Bemerkung nur möglich, wenn H u m e Nichts davon wusste, dass
S m i t h mit dem Plan zu einem grösseren Werke sich trug,
und darin liegt möglicher Weise bei der genauen Bekanntschaft der Männer, dass S m i t h den Gedanken auch wirklich
nicht hatte, und demnach wäre die „Theorie der moralischen
Gefühle" Ende 1754 noch nicht begonnen gewesen. Andrerseits liegt in den Worten auch eine Hindeutung, dass S m i t h
kurz vorher eine literarische Beschäftigung gehabt habe. In
der That erzählt S t e w a r t [4]), wie es uns auch sonst berichtet
wird, dass S m i t h zu einer im Jahre 1755 begonnenen Zeitschrift The Edinburgh Review zwei Beiträge geliefert hat.
Von dieser Zeitschrift ist die erste Nummer im Juli 1755 er-

---

1) Wir werden nicht geneigt sein, anzunehmen, dass hier Joannes Magnus
(1488—1544), Erzbischof von Upsala, gemeint sei, der eine Historia Gothorum
Suevorumque und eine Historia episcoporum Upsaliensium verfasst hat. Liegt
vielleicht eine Verwechselung mit Jacobus Magnus, dessen Livre des bonnes
moeurs 1487 von Caxton englisch edirt wurde, oder eine ironische Bezeichnung
des Johann von Salisbury, der Parvus genannt wird, vor?

2) Brief an Clephane vom 28. Oct. 1753 (B u r t o n I. 382): I think no-
thing of despatching a quarto in fifteen or eighteen months, but am not able
to compose a letter once in two years.

3) In zwei Hälften mitgetheilt von B u r t o n, a. a. O. p. 393 f. und 411 f.

4) a. a. O. p. XIV—XVI.

schienen; dieselbe enthielt eine Besprechung von Johnson's
Wörterbuch aus der Feder von S m i t h. Wahrscheinlich ist
diese es, worauf H u m e 's Worte anspielen. Damit verträgt sich
denn freilich schlecht eine Erzählung M a c k e n z i e 's im „Leben
John Home's" 1), wonach H u m e über die Person der Mitarbei-
ter an jenem kritischen Journal ganz im Dunkeln geblieben
sei. Die anekdotenhaft pointirte Nachricht hätte aber ohnehin keinen Glauben verdient.

    Der nächste Brief von H u m e an S m i t h, geschrieben am
9. Januar 1755 2), ist, soweit er persönliche Verhältnisse der
Correspondenten betrifft, weniger deutlich als die bisher be-
sprochenen. Es steht hier nämlich das Folgende: „Ich bitte
Sie, mich der Gesellschaft zu empfehlen, und den Fehler auf
sich selbst zu nehmen, wenn ich meine Pflicht nicht erfüllt
und ihr dieses Mal meine jährliche Abhandlung nicht geschickt
habe." Danach scheint es, dass H u m e und S m i t h zusammen Mitglieder einer gelehrten Gesellschaft gewesen sind, die
von ihren Mitgliedern regelmässige literarische Arbeiten for-
derte, und dass S m i t h für die Gesellschaft eine Geschäfts-
führung besorgte. Welches diese Gesellschaft war, ist nicht
ganz deutlich. B u r t o n sagt zwar erläuternd: „offenbar die
Philosophische Gesellschaft", und es ist das allerdings auch
die einzige, an die man hier denken kann. Diese Gesellschaft
war zuerst bei ihrer Begründung im Jahre 1731 eine medici-
nische, 1739 wurde sie auf Anregung Maclaurin's erweitert und
auf alle Wissenschaften ausgedehnt. Durch die Rebellion von
1745 wurde ihre Thätigkeit für mehrere Jahre unterbrochen.
Aber seit 1752 entfaltete sie wieder ihre volle Wirksamkeit,
und 1754 gab sie den ersten Band ihrer Abhandlungen unter
Redaktion ihrer beiden Sekretäre David Hume und Sir Alexander Monro heraus. Das erfahren wir gelegentlich durch

---

1) Abgedruckt von B u r t o n, a. a. O., 422, 23. — Auch in Lord Commis-
sioner Adam's Journal soll nach C a m p b e l l, Lives of the Lord Chancellors
of England VI p. 41 n., dieselbe Nachricht enthalten sein. Das giebt ihr aber
keine grössere Glaubwürdigkeit, da Adam, als diese Ereignisse sich abspielten,
ein kleines Kind war; vgl. B u r t o n, a. a. O., II. 174.

    2) B u r t o n, a. a. O., I. 417, 18.

Tytler von Woodhouselee in seiner Biographie des Lord
Kames (I. 258, 59 N.). Er setzt dann noch hinzu, dass der
zweite Band der Abhandlungen 1756 erschienen sei. Wahrscheinlich handelt es sich in Hume's Brief um einen Beitrag
für diesen Band, und wenn Smith Adressat ist, so scheint
dieser, obgleich er in Glasgow lebte, die Funktionen übernom-
men zu haben, die Hume selbst ein Jahr vorher bekleidete.
Während dieser Jahre, die Smith in Glasgow, Hume
in Edinburgh verlebte, muss ihre Freundschaft fortwährend an
Innigkeit zugenommen haben. Es drückt sich das auch aus
in dem Wechsel der Anrede, deren Hume in seinen Briefen
sich bedient. Während er bisher die Aufschrift mit „Lieber
Herr!" gemacht hatte, heisst es im nächsten Schreiben ¹) zum
ersten Mal statt dessen „lieber Smith". Der betreffende Brief
ist undatirt, aber die Zeit der Abfassung lässt sich aus dem
Inhalt ziemlich genau bestimmen. Der Hinblick auf eine nahe
bevorstehende Versammlung der schottischen Geistlichkeit, auf
das baldige Erscheinen der „Natürlichen Geschichte der Reli-
gion", verbunden mit dem Ausdruck der Unschlüssigkeit über
die nächste Arbeit, die er unternehmen solle, machen gewiss,
dass Hume im Februar oder März 1757 geschrieben hat. Der
folgende Brief vom 8. Juni 1758 ²) hat die gleiche Anrede.
Er handelt von einem sonst ganz unbekannt gebliebenen Punkte
der Smith'schen Lebensgeschichte, einem Projekte, ihn von
Glasgow an die Universität Edinburgh zu ziehen. Dieses auch
culturgeschichtlich merkwürdige Schreiben lautet in seinen
Hauptstellen: „Wir sind sicher, dass Ihre Anstellung hier und
die von Ferguson in Glasgow durch Lord Milton's Einfluss
vollkommen leicht wäre. Die Aussicht, bei Abercromby durch
zudringen, ist auch sehr günstig; denn derselbe Staatsmann ³)
könnte durch seinen Einfluss beim Stadtrath ihn zwingen, entweder seine Funktion wirklich auszuüben, was er unter keiner

---

1) Burton, a. a. O., II. 16—18.
2) Burton, II. p. 45—47.
3) Lord Milton; er war, wie Croker in der Ausgabe von Boswell's Life
of Johnson (London 1860, p. 227 n. 3) bemerkt, Richter der court of session
und starb 1767.

Bedingung thun würde, oder die Stelle für das, was er dafür
gegeben hat, zu verkaufen. Die einzige wirkliche Schwierigkeit liegt daher bei Ihnen. Ich bitte also in Erwägung zu
ziehen, dass dieses vielleicht die einzige Gelegenheit ist, die
sich uns bietet, Sie in die Hauptstadt zu bekommen. Ich
wette darauf, Sie halten den Ortsunterschied eines Opfers
werth; aber in Wahrheit soll er Sie gar Nichts kosten. Sie
zogen, als Sie hier lebten, aus Ihrem Cursus über 100 Pf.
jährlich, obgleich Sie nicht den Charakter als Professor hatten.
Wir können nicht annehmen, dass es weniger als 130 Pf. sein
werden, wenn Sie angestellt sind. John Stevenson — und es
ist John Stevenson! — verdient nahezu 150 Pf., wie wir auf
Befragen erfuhren. Es ist also das Hundert für das Achtfache
zu kaufen, was ein billiger Preis ist, selbst rein geschäftlich
genommen. Wir schmeicheln uns, dass Sie den Umgang mit
uns für etwas anrechnen, und die Aussicht auf die Anstellung
Ferguson's wird ein weiterer Antrieb sein. Denn wenn wir
auch daran denken, ihn den Vorschlag aufnehmen zu lassen,
wenn Sie ihn ablehnen, so ist es doch unsicher, ob er sich
einverstanden erklärt, und derselbe ist in Bezug auf ihn von
vielen sehr naheliegenden Bedenken begleitet. . . . . Ich hatte
einen Brief von Fräulein Hepburn, worin sie sehr bedauert,
dass Sie in Glasgow angestellt sind, und dass wir so selten
Gelegenheit hätten, Sie zu sehen." Hier wird also Smith
der Vorschlag von seinen Freunden gemacht, eine Stelle an
der Edinburgher Universität dem bisherigen Inhaber abzu-
kaufen. Der Kaufpreis beträgt, wie angedeutet ist, aber bei
der späteren Bewerbung Ferguson's um die Stelle noch bestimmter hervortritt [1]), die namhafte Summe von tausend Pf. St.
Dieser Kaufpreis sollte sich dann allerdings durch ein jährliches
Einkommen von 130 Pf., das er verschaffte, mit dreizehn Procent verzinsen. Man konnte den Vorschlag einem Manne, der
bereits im Besitz einer angenehmen Stellung war, wohl nur
machen, wenn man wusste, dass er flüssige Kapitalien besass,

---

1) Hume an Jardine, Burton, a. a. O., II. 47. Diesen Brief möchte ich
wesentlich später setzen als den an Smith, wohl erst in das Jahr 1759 und
in die Zeit des Aufenthaltes von Hume in London.

und wir dürfen daher schliessen, dass Smith nicht ohne Vermögen war. Auch dann blieb freilich noch in Rechnung zu stellen, dass das Einkommen der Glasgower Professur aufzugeben war, und man kann fast auf den Gedanken kommen, als habe Smith entweder neben seinem neuen Amt noch besondere Vorträge halten oder von seinem Nachfolger und Freunde Ferguson eine Entschädigung empfangen sollen. Beides hätte aber wohl die Combination nicht annehmbarer gemacht, und so werden wir uns überhaupt darüber weniger wundern, dass der Vorschlag von Smith abgelehnt, als dass er von Hume und andern Freunden gethan wurde. Interessant ist jedenfalls auch die Mittheilung, dass Smith früher schon in Edinburgh hundert Pfund im Jahr verdient habe. Es kann das nur in den Jahren 1749 und 1750 gewesen sein, als er, ohne in einer Verbindung mit der Universität zu stehen, ästhetische Vorlesungen hielt. Der Umstand, dass Smith auf dem Punkte war, ein grosses philosophisches Werk zu vollenden, von dem er sich mit Recht einen bedeutenden Erfolg versprechen durfte, trug gewiss nicht dazu bei, ihn einem Antrag, der an so lästige und fast verletzende Bedingungen geknüpft war, geneigt zu machen.

Der Brief, womit Hume von London aus am 12. April 1759 für die inzwischen erschienene „Theorie der moralischen Gefühle" dankt[1]), ist bereits von Stewart[2]) mitgetheilt worden und aus dieser Quelle auch den neueren Biographen des Smith bekannt. In der tadelnswerthen Sucht, einen grossen Mann herunterzuziehen, hat unbegreiflicher Weise Dühring[3]) aus diesem Brief herausgelesen, dass jenes Werk Hume in Wahrheit missfallen habe. Es lohnt kaum, über diese verkehrte Auffassung, die der Geradheit und dem Freundschaftssinn des Schreibers noch mehr Unrecht thut als dem Talente des Adressaten ein Wort zu verlieren; nur derjenige kann überhaupt versucht sein, die gefällige Heiterkeit Hume's für versteckten Hohn anzusehen, der den Briefstil des so wohl-

1) Burton, a. a. O., II. 55—58.
2) Stewart, a. a. O. p. LII—LVII.
3) Dühring, Kritische Geschichte der Nationalökonomie und des Socialismus (2. Aufl.), p. 144, 145.

wollenden wie geistvollen Mannes nur aus einem einzigen Beispiel kennt. Schreibt er doch ganz ähnlicher Weise in ko-
mischem Zorn und geheuchelter Eifersucht an seinen Freund
R o b e r t s o n über den glänzenden Erfolg, den dessen „Schottische Geschichte" errungen hatte [1])! B a g e h o t hat schon darauf hingewiesen [2]), dass in dem Brief an Smith bereits die fünf
Jahre später zur That gewordene Absicht erwähnt wird, dem Verfasser der „Theorie der moralischen Gefühle" den jungen Herzog
von Buccleugh zur Erziehung zu übergeben. Wir entnehmen
dem Schreiben überdies, dass mehrere durch ihren Stand oder
ihre Geburt hervorragende Personen [3]) sich für das Werk warm
interessirten, sowie die mehr äusserlichen Umstände, dass es
bei H u m e 's Verleger M i l l a r in London herauskam, schon
im ersten Quartal des Jahres 1759 erschien und sofort reis-
send abging. Am 29. Mai schrieb H u m e auch an R o b e r t-
s o n , dass das S m i t h 'sche Buch grossen Erfolg habe [4]). Am
23. Juli folgt ein Brief H u m e 's an Smith (Burton II. 59)
als Antwort auf ein Empfehlungsschreiben, das der schottische
Schriftgiesser W i l s o n abgegeben hatte. Darin ist wieder eine
Reihe von Personen genannt, die dem S m i t h 'schen Werk ihren
vollen Beifall schenkten, so E d m u n d B u r k e , J e n y n s [5]),

---

1) Brief vom 12. März 1759 (B u r t o n , a. a. O., II. 53): A plague take
you! Here I sat near the historical summit of Parnassus, immediately under
Dr. Smollett, and you have the impudence to squeeze yourself by me ec. Vgl.
auch den eines Swift würdigen Brief an Kuat aus derselben Zeit (vom 6. Juli
1759), B u r t o n , a. a. O., II. 62—65.

2) a. a. O. p. 28. '

3) Es werden namentlich vier genannt: der Herzog von Argyle (Archi-
bald, 3[d.] duke of Argyll, + 1761), vgl. über ihn M a h o n , Geschichte von England , a. a. O. III. 192; Lord Lyttleton (George , 1709—73 , als Schriftsteller
bekannt); Oswald (James) von Dunnikier, englischer Staatsmann, zugleich ein
tüchtiger Nationalökonom, mit dem Hume die Lehre vom Geld erörterte (B u r -
t o n , a. a. O., I. 301—04), und den er an Morellet als ausgezeichneten Kenner
der englischen Handelsverhältnisse empfahl (ebd. II. 275—277); Charles Towns-
hend (1725—67), damals schon Mitglied des Geheimeraths.

4) B u r t o n , a. a. O., II. 55.

5) S o a m e J e n y n s , Staatsmann und Schriftsteller 1704—1787. Er war
auch Nationalökonom; vgl. M ' C u l l o c h , Literature of political economy p. 193.

Lord Fitzmaurice [1]), York [2]). Es sei noch hier erwähnt, dass bereits 1760, doch jedenfalls auch mit Rücksicht auf das im Jahre vorher erschienene philosophische Werk, Adam Smith von Hume als der „berühmte Glasgower Professor" bezeichnet wird [3]).

Im November 1759 von London nach Edinburgh zurückgekehrt, lebte Hume in dieser Stadt mit einer einzigen kurzen Unterbrechung bis zum August 1763. Seine Briefe an Smith, die in diesen Zeitraum fallen [4]), liefern für unseren Zweck wenig Ausbeute. Wir erfahren nur, dass Hume, als er im Juni 1761 sich nach London begab, dort im Laufe des Sommers von Smith aufgesucht zu werden hoffte, dass der letztere dagegen im Frühjahr 1763 in Glasgow war und „wissenschaftlicher Musse" sich erfreute, dass endlich im Sommer 1763, als Hume sich anschickte, England zu verlassen, er an die Möglichkeit dachte, mit Smith im Ausland zusammenzutreffen. Unterwegs, von London aus, schrieb Hume nochmals am 13. September [5]) 1763, und Smith war auch der erste seiner schottischen Freunde, dem er die Ankunft in Frankreich schon am 29. Oktober anzeigte [6]). Jener Brief aus London erscheint namentlich desshalb beachtenswerth, weil er uns Smith in einer gewissen Verbindung mit Gliedern der höchsten britischen Aristokratie zeigt. Aeltere und neuere Biographen des grossen Nationalökonomen haben sich darin ge-

1) Offenbar der nachmalige Minister William Graf Shelburne und Marquis von Landsdowne (geb. 1737); damals lebte noch der Vater John Viscount Fitzmaurice und Graf Shelburne.

2) Vielleicht Charles Yorke (1723—70), der nachmalige Lordkanzler, Sohn des Lord Hardwicke.

3) Burton, a. a. O., I. 463 (16. August 1760): Adam Smith, the celebrated professor in Glasgow, told me that the piper of the Argyleshire militia repeated to him all those poems which Mr. Macpherson has translated, and many more of equal beauty.

4) Es sind ihrer vier: vom 29. Juni 1761 (Burton II. 89—90), v. 28. März, 21. Juli und 9. August 1763 (Burton II. 148 f., 150, 157 f.). In dem letzten dieser Briefe findet sich zuerst die Anrede „Mein lieber Freund", wie auch Smith seinerseits am 6. Juli 1766 (Burton II. 330) schreibt.

5) Burton, a. a. O., II. 160—63.

6) Ebd. p. 168—72.

fallen, ihn uns als einen echten Stubengelehrten vorzumalen,
der dem praktischen Leben fremd und ungeschickt gegenüber-
stand [1]). Da muss doch daran erinnert werden, dass Smith
schon in jungen Jahren mit der vornehmsten Gesellschaft des
Landes verkehrte. Insbesondere ist in dem angeführten Brief
davon die Rede, dass er über die Person des jungen Lord
Beauchamp [2]) ein Urtheil abgegeben, dass der Ehrenwerthe
Herr Fitzmaurice [3]) sein Schüler war, dass er über Lord
Shelburne [4]) tadelnd, dieser über ihn sich günstig ausgesprochen. In dem Brief aus Paris ist im Auftrage des Baron
d'Holbach mitgetheilt, dass unter der Aufsicht dieses Phi-
losophen die „Theorie der moralischen Gefühle" in das Fran-
zösische übersetzt werde.

Adam Smith sagt in seinem Dankschreiben an die Universität Glasgow, die ihn im Jahre 1787 zum Rektor wählte,
er sei dreizehn Jahre Mitglied der Corporation gewesen [5]).
Nun haben wir gesehen, dass Smith mit dem Beginn des
Jahres 1751 nach Glasgow kam, und Stewart erzählt uns,
dass er „früh im Jahre 1764" mit dem Herzog von Buccleugh,
den er nach Frankreich begleiten sollte, in London zusammen-
traf. So waren es gerade dreizehn Jahre, die wenigstens seine
Lehrthätigkeit in Glasgow gedauert hat; seine eigentliche Ent-
lassung allerdings empfing er etwas später. Was Hume ge-
hofft, trat nun ein: Adam Smith ging nach Frankreich, wo
jener seit einem halben Jahr seinen Aufenthalt hatte. Aber
auch dieses Mal war den Freunden nicht beschieden, längere
Zeit zusammen an dem nämlichen Orte zu leben. Smith be-

---

1) Es ist das namentlich auch der Grundzug in dem Bilde, das zuletzt
Bagehot entworfen hat. Vgl. ferner die komische Anekdote, wie Smith inmitten
einer gelehrten Auseinandersetzung in eine Lohgrube fiel, in The Georgian Aera,
IV. p. 24.

2) Sohn des Marquis von Hertford, des Gesandten am französischen Hof,
den Hume als Sekretär nach Paris begleitete.

3) Thomas Fitzmaurice, zweiter Sohn von John Graf Shelburne,
der 1777 die Erbin der Grafen von Orkney heirathete und 1793 starb.

4) Derselbe, der im Jahre 1759 Lord Fitzmaurice genannt wurde; der
Vater starb 1761.

5) Stewart, a. a. O. p. CXI.

gab sich, Paris nur auf der Durchreise berührend, mit seinem
Schüler in die Provinz. Wir können nicht zweifeln, dass es
für S m i t h nützlicher und erfreulicher gewesen wäre, in der
Hauptstadt zu bleiben, wo alle hervorragenden Köpfe des Landes sich zusammenfanden, und wo ihm sein wissenschaftlicher
Ruf und gewiss auch die Bemühung seines Freundes und Landsmannes den Eintritt in die besten Kreise verschafft hätte. Wir
müssen es als eine Entsagung ansehen, die er im Interesse
seines Schülers auf sich nahm, wenn er für lange Zeit einen
andern Aufenthalt wählte. Denn allerdings für einen Werden-
den, für einen jungen Mann, der an seiner Ausbildung arbeitete, war Paris nicht der geeignete Wohnplatz. H u m e selber war sogar der Ansicht, dass auch reifere Männer, wenn
sie nicht durch ihre Person und ihre Vergangenheit ein ganz
hervorragendes Gewicht besässen, von dem Aufenthalt in Paris
wenig Vortheil ziehen könnten, weil ihnen da zu wenig Beachtung und Freundlichkeit geschenkt würde. Noch kurz zuvor hatte er sich in Bezug auf einen schottischen Obersten
dem Dr. B l a i r gegenüber wie folgt ausgesprochen [1]): „Der
einzige Dienst, den ich ihm erweisen kann, besteht darin, dass
ich ihm den Rath gebe, sobald er Paris gesehen hat, in eine
Provinzialstadt zu gehen, wo die Leute weniger zurückhaltend
sind in der Anknüpfung neuer Bekanntschaften und über das
Benehmen weniger streng urtheilen." So hätte auch der junge
Herzog von Buccleugh [2]) in Paris nicht die Aufnahme und die
Gesellschaft sich versprechen dürfen, die ihn wahrhaft fördern
konnten.

Gerade für die Zeit seines Aufenthaltes in Frankreich ist
dem Biographen von S m i t h das Burton'sche Werk desshalb
von besonderer Wichtigkeit, weil aus diesem Zeitraum von
S m i t h selbst geschriebene Briefe darin wiedergegeben sind.
Dieser mitgetheilten Briefe von S m i t h sind es drei, eine Zahl,
die nicht so klein erscheint, wenn man erwägt, dass die S t e -
w a r t 'sche Biographie nur einen einzigen Privatbrief von
S m i t h enthält. Bedauerlicher Weise theilt allerdings B u r -

---

1) B u r t o n, a. a. O., II. 194.
2) Er stand in seinem achtzehnten Jahr, geboren 2. September 1746.

t o n zwei jener drei Briefe nur in Bruchstücken und theilweise im Auszug mit. Der erste Brief [1]) ist aus Toulouse vom 5. Juli 1764 und bittet H u m e um Empfehlungen an vornehme Franzosen der dortigen Gegend, wie den Herzog von Richelieu [2]), den Marquis von Lorges. Dann heisst es wörtlich: „Der Herzog (von Buccleugh) ist mit keinem einzigen Franzosen bekannt. Ich kann die Bekanntschaft derjenigen, mit denen ich bekannt bin, nicht pflegen, da ich sie nicht in unser Haus bringen kann und nicht immer frei bin, um zu ihnen zu gehen. Das Leben, das ich in Glasgow führte, war ein vergnügungsvolles, leichtsinniges Leben in Vergleich mit demjenigen, welches ich jetzt hier führe. Ich habe angefangen, ein Buch zu schreiben, um die Zeit herumzubringen. Sie können sich denken, dass ich sehr wenig zu thun habe. Wenn Sir J a m e s [3]) auf seiner Reise hieher kommen und einen Monat mit uns zubringen wollte, so wäre das nicht blos für mich eine hohe Befriedigung, sondern durch seinen Einfluss und sein Beispiel würde er auch dem Herzog grosse Dienste leisten." In diesem Briefe ist natürlich am Wichtigsten, was S m i t h über das Beginnen eines neuen Werkes sagt. Mit Recht bemerkt B u r t o n, dass wir hierbei höchst wahrscheinlich an den „Reichthum der Nationen" zu denken haben. So fiele denn der Beginn der Ausarbeitung — denn das liegt in dem Ausdruck „Schreiben" — dieses Werkes in die Zeit des Aufenthaltes in Frankreich, aber vor die persönliche Bekanntschaft mit den Physiokraten. Die Vorarbeiten für das Buch hätten demnach wohl schon in Glasgow begonnen und wahrscheinlich eine Beschäftigung in jener Musse-

---

1) B u r t o n, a. a. O., II. 228.

2) Der bekannte Marschall, damals Gouverneur der Provinz Guienne.

3) Sir J a m e s M a c d o n a l d, der (Stewart p. LXI) von Dover bis Paris der Begleiter der Reisenden gewesen war. Dieser merkwürdige junge Mann, der nach dem Zeugniss aller Zeitgenossen ein Muster aller geistigen und sittlichen Vorzüge war, starb in Rom 1766 in seinem fünfundzwanzigsten Lebensjahr. Ob er der Smith'schen Einladung folgte, wissen wir nicht. Er kehrte im Frühjahr 1765 von Paris nach Schottland zurück; desshalb ist auch der Brief Blair's an Hume, den Burton unter dem 1. Juli 1764 mittheilt (a. a. O. II. 229), und worin der Schreiber von einem Diner in Gesellschaft Macdonald's spricht, vielmehr in das Jahr 1765 zu setzen.

zeit des Frühjahrs 1763 gebildet, von der H u m e in seinem
Brief vom 28. März 1763 spricht. Wir müssen uns demnach
auch denken, dass S m i t h beim Antritt seiner Reise mit literarischen Hülfsmitteln oder wenigstens seinen eigenen Aufzeichnungen ökonomischen Inhalts sich ausgerüstet hat. So
läge denn ferner ein weit kürzerer Zwischenraum zwischen
dem Abschluss seines philosophischen Hauptwerkes und dem
Beginne seines ökonomischen, als man bisher annahm, und endlich wäre es unrichtig, wenn man gewöhnlich sagt, die Ausarbeitung des „Reichthums der Nationen" habe zehn Jahre gedauert: wir müssten dafür, gering gerechnet, elf bis zwölf Jahre
ansetzen.

Am 21. Oktober 1764 schreibt S m i t h abermals aus Toulouse [1]). Er hatte inzwischen die gewünschten Empfehlungs-
briefe erhalten und zeigt an, dass sein Zögling einer freund-
lichen Aufnahme sich erfreue. Dann fährt er wörtlich fort:
„Unser Ausflug nach Bordeaux[2]) und ein anderer, den wir
seitdem nach Bagnères gemacht haben, hat eine grosse Ver-
änderung beim Herzog hervorgebracht. Er fängt jetzt an, mit
der Gesellschaft der Franzosen sich zu befreunden, und ich
schmeichle mir, dass ich die weitere Zeit unsres Zusammenlebens nicht blos in Ruhe und Befriedigung, sondern sogar
unter viel Zerstreuungen verbringen werde."

Wie uns S t e w a r t erzählt[3]), waren die Reisenden im
März von London aufgebrochen, blieben zehn bis zwölf Tage
in Paris und gingen dann nach Toulouse, wo sie achtzehn
Monate ihren Aufenthalt hatten. „Dann machten sie eine recht
weite Fahrt durch Südfrankreich bis nach Genf und verweil-
ten in der letzteren Stadt zwei Monate. Gegen Weihnachten
1765 kamen sie nach Paris und blieben da bis zum folgenden Oktober." Nach diesen Angaben kann die Ankunft in

---

1) B u r t o n, a. a. O., II. 228, 29.

2) Die Ausdrucksweise deutet darauf hin, dass Hume von der Reise nach
Bordeaux schon wusste; ob aus einer früheren Stelle des Briefes, von dem wir
nur das Fragment haben, oder aus einem früheren Briefe, ist allerdings nicht
deutlich.

3) a. a. O. p. LXI—LXIII.

Toulouse frühestens im April 1763 Statt gefunden haben. Wenn dann die Rückkehr nach Paris vor Weihnachten 1765 fällt, so müssen wir uns die zwei Monate des Aufenthaltes in Genf schon im Monate Oktober beginnend denken. Nehmen wir dazu die Zeit, die zu einer „weiten Reise durch das südliche Frankreich" nöthig war, so hat der Aufenthalt in Toulouse wohl nicht länger als bis Anfangs September 1765 und daher keine vollen anderthalb Jahre, vielmehr höchstens etwa siebzehn Monate gewährt. Wir erfahren nun aus dem obigen Briefe von Smith, dass in diese Zeit auch Ausflüge fallen, von denen zwei gleich im Jahre 1764 unternommen wurden. Es verdient hier bemerkt zu werden, dass wenige Jahre vor der Reise des jungen schottischen Herzogs und seines berühmten Erziehers ein französischer Schriftsteller die Reise von Toulouse über Genf nach Paris gemacht hat und in seinen Memoiren uns davon erzählt. Es ist das der Dichter Marmontel[1]), der im Jahre 1760 auf einige Wochen mit einem reichen Steuereinnehmer nach Bordeaux reiste, um nach sechs Wochen nach seinem gewöhnlichen Wohnsitz in Paris zurückzukehren. Als die Zeit der Rückreise gekommen war, entschloss er sich, die Fahrt über Toulouse, Montpellier, Nîmes, Avignon, Vaucluse, Aix, Marseille, Toulon, Lyon, Genf zu machen, namentlich um am letzteren Orte Voltaire zu besuchen. Auf der Reise wurde seine Aufmerksamkeit, nachdem er Toulouse, das ihm klein vorkam, verlassen, zuerst durch den Kanal von Languedoc gefesselt, an dem die Strasse bis Béziers vorüberführte. Er besuchte namentlich auch das Bassin von Saint-Ferréol, aus dem der Kanal gespeist wurde. In Montpellier war der botanische Garten die grösste Sehenswürdigkeit, während Nîmes wegen seiner Ueberreste aus dem Alterthum aufgesucht wurde, aber auch das berühmte Naturaliencabinet eines Herrn Seguier besass. In der Nähe von

---

1) Mémoires de Marmontel (an XIII), vol. II. p. 204—249. Ueber die Stadt Toulouse aus der Zeit vor 1745 ebd. I. 131—175. Wenn Marmontel von Stewart und danach von den Späteren unter Smith' Pariser Freunde gezählt wird, so ist darauf aufmerksam zu machen, dass in den Mémoires nicht einmal der Name Smith vorkommt.

Vaucluse war auch das Städtchen L'Ile wegen seiner reizenden Lage ein besuchenswerther Platz. In Marseille die Einrichtungen für den Seehandel, in Toulon der Kriegshafen, in Lyon neben der Seide- und Brokatfabrikation das Stadthaus, das Hospital, die Bibliothek der Jesuiten, das Karthäuserkloster, das Theater — das waren die Gegenstände, welche weiterhin das Interesse des Reisenden am Meisten erregten. Wir dürfen gewiss aus diesen Mittheilungen Marmontel's schliessen, welchen Weg ungefähr Adam Smith fünf Jahre später eingeschlagen, und was er auf demselben hauptsächlich in Augenschein genommen hat.

Wahrscheinlich in diese Zeit der Reise durch Südfrankreich fällt ein Brief, den Hume an Smith gerichtet hat, über dessen Datum aber wir im Zweifel sind[1]). Denn Burton, der uns aus diesem Briefe Bruchstücke mittheilt, gibt an, dass derselbe vom 5. November 1765 datire, während in dem mitgetheilten Wortlaut die Stelle vorkommt: „diesen Vormittag des fünften Septembers"[2]). Ohne Einsicht in das handschriftliche Original lässt sich nicht wohl entscheiden, welche von den widersprechenden Monatsangaben die richtige ist, und es erscheint nicht einmal rathsam, eine Vermuthung zu wagen, die durch das äussere Zeugniss so leicht widerlegt werden könnte. Dagegen wird es statthaft sein, die für die Smith'sche Biographie wichtigen Sätze, die sich darin finden, zweifach zu interpretiren, je nachdem das eine oder andere Datum richtig ist. Die betreffenden Sätze lauten: „Ich bedaure sehr, dass ich Sie nicht sehen werde. Ich habe Sie seit drei Monaten täglich erwartet. Die Befriedigung, die Ihnen Ihr Schüler gewährt, bereitet mir die gleiche Befriedigung." Es fragt sich vor Allem, wohin diese Bemerkungen für Smith gesendet wurden. Ist der Brief im November geschrieben, so können wir uns denken, dass er nach Genf gerichtet wurde, nachdem von da aus oder kurz vor dem Eintreffen in Genf Smith gemeldet hatte, dass er auf einem Umweg nach Paris

1) Burton, a. a. O., II. 292, 93.
2) Auch einen Brief an Blair aus derselben Zeit setzt Burton, II. pp. 293 und 302 auf den 28. Dezember, p. 297 dagegen auf den zwanzigsten.

zurückkehre und in Genf zuvor sich längere Zeit aufhalten
werde. Seit dem August wäre dann Smith schon in Paris
erwartet worden, wohl in Folge eines Briefes, mit dem er,
etwa im Juli, seine bevorstehende Abreise von Toulouse gemeldet hatte. Wäre Hume's Brief im September geschrieben,
so wäre Smith schon vom Juni an in Paris erwartet worden,
und wir müssen doch wahrscheinlich finden, dass eine Mittheilung von ihm zu dieser Meinung seines Freundes den Anlass gegeben hat. Wir müssten dann entweder annehmen,
dass Hume eine Aeusserung von Smith missverstanden, oder
dass dieser eine schon festgesetzte Abreise von Toulouse nachträglich verschoben hätte. Denn auf Grund der Angabe von
Stewart, dass der Aufenthalt in Toulouse achtzehn Monate
gedauert habe, können wir jedenfalls mit Sicherheit behaupten,
dass die Abreise nicht wirklich schon im Mai oder Juni 1765
kann Statt gefunden haben.

Ob er nun im September oder November seinen Brief geschrieben, Hume war damals der Ansicht, Smith werde ihn
nicht mehr in Paris treffen. Wir dürfen annehmen, dass er
sich darin geirrt hat. Denn Hume verliess Paris erst Anfangs Januar 1766 [1]), und wir haben keinen Grund, die Nachricht Stewart's zu bezweifeln, wonach Smith gegen Weihnachten 1765 dort ankam. So hat wohl Hume den Freund
noch während einiger Tage gesehen und ihn in dem Kreise,
den er verliess, einführen können.

Aus Paris theilt uns Burton nur einen Brief von Adam
Smith mit [2]). Er ist desshalb bemerkenswerth, weil er uns
Smith in Verbindung mit den französischen Freunden zeigt,
von welchen Hume vor Kurzem sich getrennt hatte. Holbach,
Helvetius, Madame Riccoboni [3]), Mademoiselle Rian-
court, Turgot werden aus diesem Kreise namentlich angeführt.
Von Turgot heisst es bei dieser Gelegenheit: „ein Freund,

---

1) Burton, II. p. 303.

2) A. a. O., II. p. 350.

3) Marie-Jeanne geborne Laboras de Mézières, Frau des Schauspielers
Riccoboni, Verfasserin der Histoire de Cressy und der Lettres de Julie Ca-
tesby, geb. 1714, gest. 1792.

in jeder Hinsicht Ihrer würdig". Wir müssen uns vergegenwärtigen, dass Turgot damals noch mit keiner jener literarischen Leistungen hervorgetreten war, die ihm in der Geschichte der Nationalökonomie unter den Franzosen seines Zeitalters einen bevorzugten Platz verschaffen, weder mit den Réflexions sur la formation des richesses, noch dem Mémoire sur les prêts d'argent oder den Lettres sur la liberté du commerce des grains. Dass er trotzdem die allerhöchste Meinung von dem Manne hegte, lässt uns Smith's Menschenkenntniss im besten Lichte erscheinen. Auch der übrige Inhalt des Briefes, der Hume abräth, seinen Streit mit Rousseau öffentlich zu verhandeln, gibt uns von der Weltklugheit des Schreibers eine weit günstigere Meinung, als die Biographen des Smith sonst hegen und durch ihre Erzählung zu erwecken suchen. Am Schluss lässt sich Smith dem bekannten Horace Walpole empfehlen, und wir dürfen daraus schliessen, dass er auch mit diesem vornehmen Herrn in Paris verkehrt hatte [1]). Seine Bekanntschaft mit Frau von Boufflers, der Freundin des Prinzen Conti, erhellt aus einem Brief der letzteren an Hume [2]).

Als Smith im Oktober 1766 nach London zurückkehrte, da waltete wieder jenes eigenthümliche Verhängniss, das seine persönlichen Begegnungen mit Hume so selten machte: der letztere war ganz kürzlich nach Schottland abgereist. Smith scheint sich einige Zeit in London aufgehalten zu haben. Wenigstens meldet der Verleger Millar am 22. November [3]) eine Meinungsäusserung von Smith als die „eines der urtheilsvollsten aus dem Hume'schen Freundeskreise", und da die Ansicht geeignet war, die Pläne des thätigen Buchhändlers zu unterstützen, so hat er vielleicht nicht lange gezögert, dieselbe zu übermitteln. Von London ging Smith nach Schottland,

---

1) Vgl. Walpole, Lettres à Montagu, p. 362: je ne serai pas à Londres avant avril.

2) Dem Inhalt nach wiedergegeben von Burton, a. a. O., II. 353, 54, gedruckt in Private correspondence of David Hume with several distinguished persons, p. 137.

3) Burton, a. a. O., II. 392, 93.

während nun Hume seinerseits schon in den ersten Monaten des Jahres 1767 die Heimath wieder verliess, um als Unterstaatssekretär in das Ministerium einzutreten. Was er in dieser Stellung an Smith schreibt, bietet für die Biographie des letzteren sehr wenig Ausbeute [1]). Einmal lässt Hume „Frau Smith" und „Herrn Oswald" [2]) grüssen und gibt uns damit auf den Ort Kirkaldy und den Kreis, worin sein Correspondent lebte, eine Hinweisung. Dann erfahren wir von einem Freundschaftsverhältniss zwischen Smith und dem Grafen Sarsfield, der in Paris gelebt hat. Endlich sehen wir, dass Smith offenbar mit Arbeitsplänen nach Schottland gegangen ist, nach deren Verwirklichung Hume sich erkundigt. Ausserdem ergibt sich aus einem Schreiben, das Hume 1769 an Morellet richtete [3]), dass dieser auch für Smith ein Exemplar seines „Prospectus d'un Nouveau dictionnaire de commerce" an Hume geschickt hat.

Als die wichtigste Zeit im Leben des Adam Smith werden wir diejenige ansehen, in welcher er mit der Abfassung des „Reichthums der Nationen" beschäftigt war. Wenn man diese Zeit gewöhnlich auf zehn Jahre angibt, so haben wir schon gezeigt, dass diese Anschauung den Beginn der Arbeit zu spät annimmt, dass es sich in der That um einen wesentlich längeren Zeitraum handelt. Die Tradition, die sich an bedeutende Vorkommnisse anknüpft und das Auffallende liebt, geht nun weiter dahin, dass Smith diese angeblichen zehn Jahre der Abfassung in der grössten Abgeschiedenheit von aller Welt im Hause der Mutter in dem kleinen Orte Kirkaldy zugebracht habe. So berichten heute einstimmig alle Schrift-

---

1) Aus dem ganzen Zeitraum von fast zweieinhalb Jahren theilt Burton überhaupt nur drei Briefe an Smith mit: vom 13. Juni 1767 (p. 388—90); vom 8. Oktober 1767 (p. 374 — 78); vom 17. Oktober 1767 (p. 378 — 80). In allen sind fast nur Hume's eigene Angelegenheiten verhandelt.

2) Ich denke mir darunter den Vater von James Oswald und seines Bruders John, des Bischofs von Raphoe. Im Index zu Burton (II. 531) findet sich auch ein Sir Harry Oswald. Ein solcher hat aber nicht existirt, sondern ist blos dadurch entstanden, dass in zwei Briefen Hume's von Sir Harry (sc. Erskine) und dann von Oswald (James) die Rede ist.

3) Brief vom 10. Juli 1769 (a. a. O. II. 428).

steller, die etwas näher auf die Vorgeschichte des Grundwerkes der neueren Nationalökonomie eingehen [1]). Auch diese Vorstellung müssen wir zerstören, und es ist namentlich wieder die Correspondenz mit H u m e, die uns eine richtigere Anschauung des Sachverhältnisses gewinnen lässt. Hätte selbst S m i t h erst nach der Rückkehr aus Frankreich sein Werk begonnen, auch dann könnte man nicht sagen, er habe es in einem zehnjahrigen Aufenthalt in Kirkaldy ausgearbeitet. Zunächst schon haben wir gesehen, dass S m i t h wahrscheinlich erst nach dem November 1766, frühestens aber i n diesem Monat, nach seiner Heimath zurückkam. Wie es nun in der Vorrede des „Reichthums der Nationen" heisst, ist das Werk Ende 1775 und Anfangs 1776 gedruckt worden. Daher liegen zwischen der Ankunft in Kirkaldy und der Vollendung des Werkes überhaupt nur neun Jahre. Wir gehen nun aber weiter und versuchen zu zeigen, dass S m i t h von diesen neu n Jah-

---

1) Man vergleiche folgende Aussprüche neuerer Schriftsteller: B u c k l e, Geschichte der Civilisation in England (übers. v. R u g e) II. 455 u. Note: Die zehn Jahre, während welcher er daran arbeitete, den geschäftigsten Lebenszweig zu einer Wissenschaft zu erheben, wurden in völliger Abgeschiedenheit in Kirkaldy, seinem stillen, kleinen Geburtsort, verbracht. — M o n j e a n im Dictionnaire de l'économie politique p. Coquelin II. 625: De retour en Angleterre au mois d'octobre 1766, Smith revint à Kirkaldy et y vécut pendant dix ans auprès de sa mère. — P u y n o d e, études sur les principaux économistes, p. 87: A son retour en Angleterre, Smith, tout entier à ses études, vécut dix années dans son v i l l a g e natal de Kirkaldy auprès de sa mère. — M a c C u l l o c h, a. a. O. p. X: soon after removed to his old residence at Kirkaldy, where he continued to reside, with very little interruption, for about ten years, habitually occupied in study and in the elaboration of his great work. — D ü h r i n g, Geschichte der Nationalökonomie, a. a. O. p. 146: Nach der Rückkehr zog er sich 1766 in die E i n s a m k e i t seines Geburtsortes zu seiner Mutter zurück und arbeitete dort im Laufe des nächsten Jahrzehnts sein epochemachendes Werk. — H e l f e r i c h, Adam Smith und sein Werk, a. a. O. p. 280: Nach seiner Rückkehr verlebte er zehn Jahre mit seiner geliebten Mutter in Kirkaldy. — S k a r ž i n s k y, Adam Smith, a. a. O. p. 11: 1776 (Druckfehler für 66) kehrte er nach England zurück und verlebte nun zehn Jahre in s t i l l e r E i n s a m k e i t in seinem Geburtsort bei seiner Mutter in Kirkaldy. — S c h m i t t h e n n e r, Grundlinien der Geschichte der Staatswissenschaften, p. 102 n.: ... kehrte nach dem s t i l l e n Kirkaldy zurück, wo er sein unsterbliches Werk schrieb. — C o s s a, die ersten Elemente der Wirthschaftslehre, übers.

ren nur einen Theil in Kirkaldy ¹) gelebt hat. Zunächst ersehen wir aus den Hume'schen Briefen, dass Smith häufig
und auch auf längere Zeit der Gast des Freundes in Edinburgh war. So lässt Hume sofort nach der Niederlegung
seines Amtes und der Rückkehr in die Heimath Ende August
1769 eine erste Einladung ergehen ²). Dann erwartet er Smith
wieder auf einige Tage im Februar 1770, ist aber mit der
Kürze dieses Besuches nicht einverstanden ³). Eine weitere
Einladung datirt vom 28. Januar 1772 ⁴), und am Ende desselben Jahres ⁵) wird der Vorschlag gemacht, dass Smith um
Weihnachten auf einige Wochen kommen solle. Dass bei dieser beständigen Begegnung mit Hume regelmässig von den
Fortschritten des im Entstehen begriffenen Smith'schen Werkes
die Rede war, braucht nicht bemerkt zu werden, und es ist
die vollkommenste Willkür, wenn die Mythe von der anacho-
retenartigen Zurückgezogenheit des Schriftstellers durch Dühring noch weiter dahin ausgedichtet wird ⁶), dass auch Niemand von dem Gegenstand seiner Beschäftigung Kenntniss gehabt

---

von Moormeister, S. 112: Nach England zurückgekehrt, blieb er zehn
Jahre in seinem Heimathsdorfe, mit der Herausgabe seines Werkes beschäftigt. — Asher, Vórrede zu s. Uebers. des Wealth of nations, p. XI: Bald
nach seiner Rückkehr ging Smith wieder nach Kirkaldy, wo er die nächsten
zehn Jahre fast ununterbrochen in ruhiger Zurückgezogenheit verlebte, lediglich
mit der Ausarbeitung seines grossen Werkes beschäftigt.

1) Man darf sich übrigens unter Kirkaldy auch kein Dorf vorstellen. Ich
finde über den Ort folgende Bemerkungen in der 1769 erschienenen Tour through
the whole island of Great-Britain (nach dem Titel von De Foe begonnen, von
Richardson fortgesetzt, von „einem vornehmen Herrn" vollendet), Bd. IV
p. 182: East of this town (sc. Kinghorn) is Kirkaldy, a larger, more populous
and better built town than the other and indeed than any on this coast. It
consists chiefly of one street, running along the shore, from East to West, a
full mile, very well built. It has some considerable merchants in it, in the
most extensive sense of the word, besides others that deal largely in corn etc.

2) Burton, a. a. O., II. 429, 30; auch Stewart, a. a. O. LXXII f.

3) Burton, II. 433 (Brief vom 6. Februar 1770).

4) Brief vom 28. Januar 1772, Burton, a. a. O., II. 459 unvollständig;
ein noch kleineres Bruchstück Stewart, a. a. O., p. LXXII.

5) Brief vom 23. November 1772, Burton, a. a. O., II. 461.

6) Dühring, Geschichte der Nationalökonomie, a. a. O. S. 146: „Nicht
einmal Hume wusste von dem, was in Kirkaldy unternommen wurde." — Die

habe. Wer nur einen Blick in die Hume'sche Correspondenz
wirft, überzeugt sich von der Haltlosigkeit einer solchen Ansicht. Die Briefe Hume's erkundigen sich nicht blos nach
dem Fortgang der Arbeit, sie nehmen auch ausdrücklich Bezug darauf, dass es wirthschaftliche Untersuchungen waren,
womit sich Smith beschäftigte. So heisst es am 27. Juni 1772 [1]):
„Im Ganzen meine ich, dass der Stoss, den unser übertriebe-
ner und schlecht fundirter Credit erhalten hat, in der Länge
der Zeit heilsam wirken wird, indem er das Publikum zu soli-
deren, weniger gewagten Unternehmungen zurückführen und
zugleich unter den Kaufleuten und Fabrikanten Genügsamkeit
verbreiten wird. Was ist Ihre Ansicht? Hier ist Stoff
für Ihr Nachdenken." Und am 8. Februar 1776 schreibt
Hume [2]): „Meine Ansicht ist, dass die amerikanische Angelegenheit nicht die ihr gewöhnlich beigemessene Wichtigkeit
besitzt. Wenn ich mich täusche, so werde ich wahrscheinlich, sobald ich Sie spreche oder lese, meinen Irrthum ab-
legen. Unsre Schiffahrt und unser Generalhandel dürften
mehr leiden als unsre Fabrikation."

Allein nicht blos durch solche doch immer auf Tage oder
Wochen beschränkte Besuche in der Nachbarstadt Edinburgh
wurde der Aufenthalt in Kirkaldy zuweilen unterbrochen. Wir
müssen betonen, dass ein viel bedeutenderer Theil der Zeit, die
zwischen dem Eintreffen in Kirkaldy und der Vollendung des
„Reichthums der Nationen" verstrich, von Smith in London ver-
lebt wurde, dass innerhalb des bezeichneten Zeitraums unser
Autor Monate, ja Jahre in der englischen Hauptstadt zugebracht
hat. Damit erscheint doch die Ueberlieferung von der zehnjähri-
gen Zurückgezogenheit in dem vollsten Widerspruch gegenüber
den wirklichen Ereignissen. Unter diesen Umständen muss man
auch von Stewart sagen, dass er ungenaue und irreführende
Angaben macht, wenn er berichtet [3]): „Während dieses gan-

Anschauung ist übrigens schon widerlegt durch das, was Roscher, Geschichte
der Nationalökonomik in Deutschland S. 597, von Ferguson anführt.

1) Burton, a. a. O., II. 461.
2) Burton, a. a. O., II. 483, 84.
3) Stewart, a. a. O. p. LXXI.

zen Zeitraums von zehn Jahren blieb er (mit Ausnahme von einigen Besuchen in Edinburgh und London) bei seiner Mutter." Die „Ausnahmen" sind viel zu bedeutend, als dass der Zeitraum noch ganz bliebe und einen einheitlichen Charakter behielte, sowie auch, wie wir sehen werden, manche Abwesenheit zu lange währte, als dass sie sich „Besuch" nennen liesse. Schon am 6. Februar 1770 schreibt Hume[1]): „Was soll das heissen, lieber Smith, was wir hören, dass Sie sich auf Ihrer Durchreise nach London nur einen oder zwei Tage hier aufhalten wollen?" Nach diesen Worten haben wir alle Veranlassung, einen Aufenthalt des Smith in London im Frühjahr 1770 anzunehmen. Allerdings wissen wir nicht, wie lange dieser Aufenthalt gedauert hat. Jedenfalls war Smith, als Hume ihm am 28. Januar 1772 schrieb, wieder in Kirkaldy, und zwar offenbar seit längerer Zeit. Denn in diesem Briefe, von welchem auch schon Stewart das bezügliche Bruchstück mitgetheilt hat[3]), tadelt Hume, dass Smith sich der Einsamkeit ergibt und von aller Gesellschaft abschliessen will. So hat vielleicht die Reise des Jahres 1770 nur einige Monate in Anspruch genommen. Viel besser sind wir über die Dauer eines zweiten, wichtigeren Londoner Aufenthaltes unterrichtet. Aus einem Briefe des Smith, dem einzigen nicht für die Veröffentlichung bestimmten Schreiben, das Stewart mittheilt, ist schon lange bekannt, dass unser Gelehrter auch im April 1773 eine Reise nach London vorhatte. Wir müssen uns sogar denken, dass dieser Brief auf der Reise selbst geschrieben ist, insoferne er von Edinburgh datirt, das als die erste Station zwischen Kirkaldy und London angesehen werden kann. Nun theilt Burton[5]) ein Fragment mit, das einem Brief an Smith vom 13. Februar 1774 entnommen ist, und aus dem Inhalt dessel-

---

1) Burton, a. a. O., II. 433.
2) Ebd. II. 459.
3) Stewart, a. a. O. p. LXXII, und danach in neueren Biographieen, z. B. Dictionnaire de l'écon. politique a. a. O. II. 625; Puynode, principaux économistes a. a. O. p. 87, 88.
4) Stewart, a. a. O. p. CX, CXI.
5) Burton, a. a. O., II. 471.

ben lässt sich der Aufenthalt des Adressaten mit voller Bestimmtheit feststellen. Der in der Briefstelle behandelte Gegenstand ist nämlich jenes bekannte Vorspiel der amerikanischen Revolution, als durch Franklin die freiheitsfeindlichen Gesinnungen der königlichen Beamten in den Kolonieen vor der Oeffentlichkeit blos gelegt wurden[1]). In den an Smith wegen dieser Angelegenheit gerichteten Bemerkungen findet sich nun der Satz: „Wie nimmt man an, dass Franklin in den Besitz der Briefe gelangt ist?" Eine solche Frage konnte offenbar Hume unmöglich an einen Bewohner von Kirkaldy, er konnte sie nur an Jemand richten, der im Mittelpunkt des politischen Treibens, in der englischen Hauptstadt lebte. Wenn daher Smith am 16. April 1773 auf dem Wege nach London war, um da einen längeren Aufenthalt zu nehmen, und wenn er sich am 13. Februar 1774 in derselben Stadt befand, so werden wir keinen Zweifel hegen, dass er auch die Zwischenzeit ununterbrochen in London gelebt hat. Durch einen glücklichen Zufall ist es uns nun möglich, weiter darzuthun, dass auch nach dem Februar des Jahres 1774 der Aufenthalt von Smith in London noch lange fortgewährt hat. Mac Culloch hat seiner Ausgabe des Wealth of nations einen Brief von Smith an Cullen angefügt, der interessante Aeusserungen über den Doktorgrad enthält[2]). Dieser Brief datirt aus London vom zwanzigsten September 1774. Daraus allein würde man schon schliessen dürfen, dass Smith, von dem wir gezeigt, dass er im Februar 1774 bereits seit drei Vierteljahren in London lebte, diesen Aufenthalt auch vor dem September desselben Jahres nicht aufgegeben hat. Betrachten wir aber den Inhalt des Briefes etwas näher, so erhält unsre Annahme noch eine erhebliche Bekräftigung. Der Eingang lautet nämlich wie folgt: „Ich habe sowohl gegen Sie als gegen den Herzog von Buccleugh, dem ich sicher versprach, Ihnen am nächsten oder zweitnächsten Posttag zu

---

1) S. darüber Lord Mahon, Geschichte von England vom Frieden vou Utrecht bis zum Frieden von Versailles (übers. v. Steger), V. 382 ff.
2) Smith, wealth of nations, ed. Mac Culloch, a. a. O., p. 583—586; der Brief findet sich in Thomson's Life of Dr. Cullen, I. p. 473—481.

schreiben, mich schwer vergangen, indem ich so lange zögerte, mein Versprechen zu erfüllen. Die Wahrheit ist, dass verschiedene Ereignisse, die mich sehr interessirten, und die unmittelbar nach der Abreise des Herzogs hier eintraten, mich eine Sache vergessen liessen, die mich, aufrichtig gestanden, sehr wenig interessirt." Dieser Passus erhebt es zur Gewissheit, dass Smith, als er schrieb, seit Wochen und Monaten beständig in London lebte, und so wird uns kein Zweifel bleiben, dass er seit dem Februar, wo wir ihn auch da finden, sein Domizil nicht geändert hatte. Wichtig ist noch an diesem Briefe, der an einen schottischen Freund gerichtet ist, und den uns doch Mac Culloch ohne Auslassung mittheilt, das Fehlen jeder Hindeutung, dass der Schreiber daran denke, in seine Heimath zurückzukehren. Daraus können wir gewiss soviel abnehmen, dass Smith eine alsbaldige Aenderung seines Domizils Ende September 1774 nicht beabsichtigte. Wie lange nun aber nach diesem Zeitpunkt derselbe Aufenthalt fortgesetzt wurde, darüber haben wir nicht so bündige Nachrichten. Allein es lässt sich doch über diesen Punkt ebenfalls eine bestimmte Meinung gewinnen. Wiederum ist es ein Brief Hume's, der uns einen Anhalt bietet, und zwar der allerbekannteste unter den Hume'schen Briefen, den der Philosoph wenige Monate vor seinem Tod am 1. April 1776 zum Dank für den empfangenen „Reichthum der Nationen" an Adam Smith gerichtet hat[1]). Darin findet sich folgender Satz, den merkwürdiger Weise die Smith'schen Biographen ganz unbeachtet gelassen haben. „Ihr Werk", so sagt Hume, „hat in Folge Ihrer jüngsten Niederlassung (by your last abode) in London wahrscheinlich bedeutende Verbesserungen erfahren." Da diese Bemerkung nach London gerichtet ist, so kann der „letzte" Aufenthalt wohl kein anderer sein als derjenige, der damals noch fortdauerte. Als Gegensatz ist an jenen früheren Londoner Aufenthalt zu denken, der etwa im Februar 1770 begann. Wir wissen, dass

---

1) Burton, a. a. O., II. 486, 87; Stewart (unvollständig), a. a. O. LXXIII, LXXIV. — Auffallend ist, dass diesen Brief Kautz, die geschichtliche Entwickelung der Nationalökonomik S. 418 N., nur ganz unbestimmt von Hörensagen kennt.

Smith den Druck seines Werkes selber in London überwacht hat, also vor Ende 1775 daselbst sich befand. Die angeführte Briefstelle sagt uns aber, dass er ebenda auch „bedeutende" Veränderungen an dem Werke vorgenommen hat, und solche können jedenfalls nicht während der Drucklegung, sondern nur in einer unmittelbar vorhergehenden längeren Zeit geschehen sein. Ja, wenn wir den Ausdruck nehmen, wie er nun doch einmal vorliegt, so sieht Hume die Verbesserung als eine Wirkung an, die gerade nur durch den Aufenthalt in London hervorgebracht werden konnte; es wird nicht gesagt, die Umarbeitung habe während des Zeitraums, welchen der Londoner Aufenthalt dauere, Statt gehabt, sondern gerade der Ort soll die Ursache des bemerkten Unterschiedes bilden. Das setzt dann nicht blos eine längere Arbeitszeit in London voraus, sondern vorher noch eine Zeit, in der neue Eindrücke aufgenommen wurden, um dann literarisch verarbeitet zu werden. Vielleicht deutet auch das gewählte Wort „Niederlassung" (abode) auf ein längeres Verweilen [1]), während ein kurzes eher mit „Aufenthalt" (etwa: residence) bezeichnet worden wäre. Lassen wir demnach den Anfang jenes Verweilens in London, das mit der Publikation des „Reichthums der Nationen" endigte, sehr weit zurückreichen, so wird uns auch ein sehr interessanter Brief recht verständlich, den Hume am 8. Februar 1776 an Smith richtete [2]). Darin nämlich finden sich folgende zwei Absätze: „Nach allen Nachrichten beabsichtigen Sie, dieses Frühjahr sich bei uns niederzulassen; aber wir hören Nichts mehr davon. Was ist die Ursache? Ihr Zimmer in meinem Hause ist immer noch unbesetzt. Ich bin immer zu Hause. Ich erwarte Ihre Landung hier. In einem zweifelhaften Gesundheitszustand bin ich gewesen, bin ich und werde ich wahrscheinlich sein ... Wenn Sie noch viel länger zögern, so werde ich wahrscheinlich ganz verschwinden." Diese ganze Apostrophe mit ihrer warmen Empfindung und ihrer so wehmüthigen Heiterkeit konnte wohl ein Hume nur an einen sol-

---

1) Vgl. Hume's Brief vom Jahre 1765 bei Burton, a. a. O., II. 292: abode for life.

2) Burton, a. a. O., II. 482.

chen Freund richten, den er recht lange nicht gesehen, und nach dem er deshalb mit hinlänglichem Grund sich sehnte. Ueberdies sind auch die einzelnen Züge, die in der Briefstelle hervortreten, kaum zu begreifen, wenn wir nicht eine lange Abwesenheit des Smith annehmen. Nur in diesem Falle, nicht nach einer kurzen Abwesenheit, lässt sich verständiger Weise von einer demnächstigen Niederlassung (settle) in Schottland reden. Auch die Art, wie Hume in dem Bericht über die abnehmende Gesundheit einen langen Zeitraum zusammenfasst [1]), weist darauf hin, dass der Freund auch dem Anfang der schmerzlichen Entwickelung nicht persönlich angewohnt hat. Selbst die Erwähnung des Gastzimmers wäre sicher unterblieben, wenn seit dem letzten Besuch nicht eine solche Zeit wäre vergangen gewesen, in der vielerlei Veränderungen in einem Hauswesen sich ereignen können. Mit den übrigen Beweisgründen verbunden, drängt uns der Brief die Anschauung auf, dass im Februar 1776 Adam Smith bereits seit Jahr und Tag in London lebte. Wenn wir aber zu dieser Auffassung gelangt sind, so rückt derjenige Aufenthalt in London, an dessen Schluss der Druck des „Reichthums der Nationen" liegt, sehr nahe an jenen andern Aufenthalt heran, der im April 1773 begonnen und jedenfalls im September 1774 noch fortgedauert hat, ja wir haben gar keinen Grund anzunehmen, dass dazwischen noch ein Aufenthalt in der schottischen Heimath Statt gefunden hat. Mit andern Worten, wir kommen zu dem Ergebniss, dass Smith vom April 1773 bis nach dem Erscheinen seines nationalökonomischen Werkes ununterbrochen in London gelebt hat. Wenn diese Annahme richtig ist, so hat Smith ziemlich genau an einen Rath sich gehalten, den ihm Hume schon 1772 ertheilt hat. Hume schreibt nämlich am 23. November 1772 [2]): „Zerstreuen Sie sich hier ein bischen; kehren Sie nach Kirkaldy zurück; beendigen Sie Ihr Werk vor dem nächsten Herbst; gehen Sie nach London; drucken Sie es;

---

1) Damals fühlte wenigstens schon seit einem Jahr Hume seine Kräfte sich verringern; vgl. den Brief an Edmondstoune vom 23. März 1775, Burton, a. a. O., II. 473.
2) Burton, a. a. O., II. 461.

kommen Sie zurück und lassen Sie sich nieder (settle) in dieser Stadt." An den Wortlaut dieses Rathes hätte sich Smith
nach unserer Annahme auf das Genaueste gebunden, von dem
Geiste nur in zwei Punkten sich entfernt. Einerseits nämlich
ist er nicht erst gegen den Herbst, sondern schon im April
1773 nach London gegangen. Andrerseits hat er hier nicht
sofort zu drucken begonnen, sondern das mitgebrachte Manu-
script, das vielleicht schon bei der Ankunft für den Nothfall
als druckfertig gelten konnte, während eines zweieinhalbjähri-
gen Aufenthaltes noch zunächst erheblich verbessert und erweitert [1]).

So scheinen mir denn unsere Quellen, wie sie heute vorliegen,
bei genauer Prüfung folgende Resultate zu ergeben. Adam Smith
hat sich mit dem „Reichthum der Nationen" in Kirkaldy beschäftigt von Anfangs 1767 bis Anfangs 1770. Dann hat er sich
in London aufgehalten, aber wahrscheinlich nur wenige Monate. 1771, 1772 und das erste Quartal 1773 hat er wieder
in Kirkaldy gearbeitet. Dann ging er nach London, wo er
drei Jahre blieb, das letzte halbe Jahr etwa der Beaufsich-
tigung der Drucklegung seines Werkes sich widmend oder ge-
selliger Erholung sich überlassend. In der Stille von Kir-

----

1) Es giebt einige Stellen im „Reichthum der Nationen", welche mir immer
den Eindruck gemacht haben, dass sie als Reflexionen an persönliche Beobach-
tungen des Verfassers anknüpfen. Darunter sind die folgenden, die eine genaue
Kenntniss von London voraussetzen: I know no capital in which a furnished
room can be hired so cheap (Wealth of nations, b. I. ch. 10, ed. M. Culloch,
p. 53); ferner: The chairmen, porters and coalheavers in London and those
unfortunate women, who live by prostitution, the strongest men and the most
beautiful women perhaps in the British dominions etc. (Wealth of nations, b. I
ch. 11, part 1 ed. Mac Culloch, p. 74). — Ich benutze die Gelegenheit, auf
die andern Stellen, die ich zunächst noch im Auge habe, zu verweisen. Wenige Seiten später (p. 77) heisst es: in some of the inland parts of England,
particularly in Oxfordshire, where it is usual, even in the fires of the common people, to mix coals and wood together (ebd. b. I ch. 11, part 2). Ferner
B. II. ch. 3, a. a. O., p. 148: if you except Rouen and Bourdeaux, there is little
trade or industry in any of the parliament towns of France. Ebenso B. 5 ch. 1
part 2, a. a. O., p. 323: the neat salary paid to a counsellor or judge in the
parliament of Toulouse, in rank and dignity the second parliament of the King-
dom, amounts only to 150 livres ... About seven years ago that sum was
in the same place the ordinary yearly wages of a common footman.

kaldy ist demnach nicht eine zehnjährige Arbeit auf das nationalökonomische Werk des Smith gewendet worden, sondern nicht viel mehr als die Hälfte dieser Zeit, höchstens etwa fünf ein halb Jahre. Dafür muss hervorgehoben werden, was bisher übersehen wurde, was auch vielleicht Manchem weniger eigenthümlich und der Ueberlieferung würdig, aber gewiss jedem Unbefangenen sehr glaubhaft erscheinen wird: dass grosse Theile des epochemachenden Buches an dem bedeutendsten Marktorte des Welthandels, in der bevölkertsten Stadt der bekannten Erde, in London geschrieben sind.

Wahrscheinlich im März 1776 wurde der „Reichthum der Nationen" in London ausgegeben, und in der zweiten Hälfte des April verliess Smith die englische Hauptstadt, um nach seiner schottischen Heimath zurückzukehren. Er reiste in Gesellschaft des dramatischen Dichters John Home[1]). Die Reisenden waren der schottischen Gränze schon nahe, als sie am 23. April in Morpeth mit Hume zusammentrafen, der sich von Edinburgh aufgemacht hatte, um in England Linderung seiner Krankheit zu suchen. Die Freunde beschlossen, dass der Dichter Home umkehren und den Kranken begleiten, dass aber Smith die Reise nach Schottland fortsetzen solle. Erst am 3. Juli kehrte Hume nach Edinburgh zurück. Es ist anzunehmen, dass Smith, wenn er auch inzwischen in Kirkaldy gewesen ist, zum Empfang des Freundes in Edinburgh war. Aus der Erzählung, die Smith über die letzte Lebenszeit des Hume veröffentlicht hat, ergibt sich, dass er bis Mitte August in Edinburgh blieb. Er berichtet insbesondere, dass er anwesend war, als der letzte Brief des Obersten Edmondstoune an Hume eintraf. Dieser Brief ist am 7. August geschrieben[2]). Einige Zeit später und wenigstens eine Woche

---

1) Hierüber und über das zunächst Folgende vgl. das Tagebuch Home's, das aus Mackenzie's Account of the life of John Home von Burton, a. a O., II. 495 ff. mitgetheilt wird.

2) Vgl. Brief Hume's an John Home vom 6. August (Burton, a. a. O., II. 508): Poor Edmondstoune and I parted to-day. Der Brief selbst (Burton, II. 510, 17) ist am folgenden Tag geschrieben, der ein Mittwoch (wie das Datum lautet) gewesen ist.

vor dem am 25. August 1776 erfolgten Tode Hume's[1]) kehrte Smith nach Kirkaldy zurück. Er äussert sich darüber in folgender Weise: „Hume war jetzt so sehr schwach geworden, dass die Gesellschaft seiner nächsten Freunde ihn ermüdete; denn seine Heiterkeit war noch so gross, seine Verbindlichkeit und seine gesellige Natur waren so unverändert, dass er, wenn ein Freund bei ihm war, sich nicht zurückhalten konnte, mehr und mit grösserer Lebhaftigkeit, als der Schwäche seines Körpers angemessen war, zu sprechen. Auf seinen eigenen Wunsch willigte ich daher ein, Edinburgh, wo ich theilweise seinetwegen weilte, zu verlassen und hierher nach Kirkaldy in das Haus meiner Mutter zurückzukehren[2])". Diese männliche Haltung der Freunde gegenüber dem herannahenden Tode, der sie auseinanderreissen sollte, macht den erhebendsten Eindruck und lässt auch Smith's Charakter und Lebensauffassung im glänzendsten Licht erscheinen. In Kirkaldy erhielt er durch den Arzt die Nachricht von Hume's Tod. In seinem Testament hatte Hume den Adam Smith mit Blair, John Home und Edmondstoune unter die Personen gerechnet, „die ihm sehr theuer seien, und von denen er sich durch wiederholte Beweise überzeugt habe, dass sie in wechselseitiger Zuneigung mit ihm verbunden gewesen"[3]). —

Ich habe im Verlauf der Darstellung Gelegenheit genommen, darauf hinzuweisen, zu wie vielen seiner hervorragenden Zeitgenossen Smith in Beziehungen gestanden hat. Er ge-

---

1) Wir haben einen Bericht des Doctor Black vom 22. August an Smith, und diesem ist bestimmt schon ein Bericht über Hume's Zustand vorhergegangen; dazu waren die Berichte keine täglichen.

2) Smith's Nachrichten über die letzten Tage Hume's, vgl. Burton, a. a. O., II. 514.

3) Codicill vom 7. August 1776, bei Burton, a. a. O., II. 494. — Ich habe eine Stelle Burton's (a. a. O., I. 125, 26) bisher unerwähnt gelassen, in welcher derselbe sagt, dass Smith bei der Ausarbeitung des „Reichthums der Nationen" Hume'sche Excerpte benutzt habe. Ich halte die Behauptung für unrichtig. Wenigstens habe ich in dem Smith'schen Werk keine einzige jener Notizen wiedergefunden, die Burton aus den nachgelassenen Hume'-schen Papieren (I. 126—134) mittheilt; dagegen ist es mir gelungen, fünf oder sechs derselben in Hume's Political discourses (1752) zu entdecken.

hörte auch in verschiedenen Zeiten seines Lebens geselligen Vereinen an, deren Zusammenkünfte er besuchte. Wir haben über drei dieser Vereine authentische Berichte, in denen Smith's Name vorkommt. Die unvergleichliche Biographie Samuel Johnson's, die Boswell[1]) zum Verfasser hat, erzählt uns von dem berühmten „literarischen Club", der unter Johnson's Aegide und auf die Anregung des Sir Joshua Reynolds Anfangs 1763 in London gegründet wurde[2]). „Nachdem er etwa zehn Jahre bestanden" — so belehrt uns Boswell — „beschloss man, statt wöchentlich zusammen zu Abend zu essen, alle vierzehn Tage während der Parlamentssitzungen gemeinsam zu diniren. Nachdem ihr erstes Wirthshaus (im Türkenkopf, Gerrard Street, Soho) zu einem Privathaus geworden war, siedelten sie zu Prince in Sackville Street, dann zu Le Telier in Dover Street über und kommen jetzt bei Parloe, S. James Street zusammen. Zwischen der Zeit der Begründung und dem Druck dieses Werkes (Juni 1792) waren folgende jetzt verstorbene Personen Mitglieder: Dunning (später Lord Ashburton), Samuel Dyer, Garrick, Dr. Shipley Bischof v. S. Asaph, Vesey, Thomas Warton und Dr. Adam Smith." Gegenwärtige Mitglieder zählt dann Boswell fünfunddreissig auf[3]). Nach Croker[4]), der aus den Protokollen des Clubs Mittheilungen erhalten hat, ist Smith am 1. Dezember 1775 aufgenommen worden.

Ueber einen andern Verein, dem Smith früher angehörte, macht Lord Campbell im Leben des Lord Lough-

---

1) Wenig bekannt ist das Urtheil, das Hume über Boswell fällt in einem Brief vom Januar 1766 (ob vom 12. Januar, wie Burton sagt, ist mir zweifelhaft): „ein junger Herr, sehr gutmüthig, sehr angenehm — und sehr verrückt" (vgl. Burton, a. a. O., II. 807, 8).

2) Boswell's Life of Johnson, ed. Croker (1860), p. 163, 64.

3) Boswell war ein Schüler von Adam Smith, während dieser in Glasgow lehrte. Er theilt einmal mit, dass Smith in seinen Vorträgen dem Reim vor dem Blankvers bei Weitem den Vorzug gegeben hat (a. a. O. p. 146), dann eine andere Bemerkung von Smith, „er freue sich zu wissen, dass Milton keine Schnallen, sondern Riemen an den Schuhen trug (ebd. p. 269)".

4) A. a. O. p. 393 n.; p. 662 n. sagt Croker, dass bei der Aufnahme nur Beauklerk, Gibbon, Jones und Reynolds anwesend waren.

borough, den ja schon Stewart als einen Freund des
Adam Smith bezeichnet[1]), auf Grund von Urkunden inter-
essante Mittheilungen[2]). Dieser Verein hiess danach „die
Ausgewählten (Select)". Der Gründer war der Maler Allan
Ramsay, der Sohn des Verfassers von „The Gentle She-
perd". Der Sitz des Vereins war Edinburgh. Die erste Zu-
sammenkunft fand Statt im Mai 1754 in der Advokatenbiblio-
thek. Die ursprünglichen Mitglieder waren: David Hume,
John Home, William Robertson, Alexander Wedder-
burn (Loughborough), Hugh Blair, Adam Smith von
Glasgow, Sir David Dalrymple, Dr. Alexander Monro,
Dr. John Hope, Andrew Pringle, William Johnstone.
Die Zusammenkünfte fanden vom November bis August jeden
Mittwoch Abend Statt, sie dauerten von sechs bis neun und
waren der Besprechung eines vorher bekannt gegebenen Thema's gewidmet. Bei der zweiten Zusammenkunft war Smith
Vorsitzender und bestimmte als Thema der nächsten Bera-
thung: „Ob Ausfuhrprämien für Getreide vortheilhaft sind".
An den Debatten aber betheiligten sich Smith sowohl als
Hume nach Campbell's Versicherung niemals. Ausser der
angeführten wurden in dem Verein noch oft volkswirthschaft-
liche Fragen behandelt. Ich hebe die folgenden hervor: Ob
die schottische Praxis, den Armen in ihren Wohnungen Geld
zu vertheilen, oder die Unterbringung in Arbeitshäusern oder
Pflegeanstalten vortheilhafter sei? Ob die Begründung der
Banken in Schottland den Reichthum vermehrt habe? Ob
die Prämie bei der Ausfuhr von Leinen weiter zu gewähren sei? Ob Branntwein solchen Beschränkungen zu unter-
werfen sei, welche seinen Verbrauch seltener zu machen geeignet sind? Ob ewige Fideicommisse dem Wohl der Familien
und dem Vortheil des Landes dienen? Ob eine Union mit Ir-
land für Grossbritannien vortheilhaft wäre? Ob ein Findel-
haus in Edinburgh, das durch eine Junggesellensteuer unter-

---

1) Stewart, a. a. O. p. VIII.
2) Lord Campbell, the lives of the Lord Chancellors and Keepers
of the Great Seal of England, vol. VI. pp. 29—33.

halten würde, Schottland zum Heil gereichte? Ob das Institut der Sklaverei den Freien vortheilhaft wäre? In Smith's nationalökonomischem Werk ist allerdings ausser den Getreideprämien und den Banken keines dieser Themata behandelt. Die Select Society blieb sechs bis sieben Jahre in Blüthe. Als sie dann aufhörte, entstand bald eine andere gesellige Vereinigung, die sich in ähnlicher Weise der Betheiligung der ersten literarischen Grössen Schottlands erfreute. Es ist das der Poker-Club. Was Lord Campbell über diese Gesellschaft erzählt, ist unvollständig und ungenau, ja er setzt sogar irriger Weise die Zeit ihres Bestehens vor die Zeit der Select Society. Es ist eine andere ausgezeichnete Quelle, in der wir zuverlässige Nachrichten darüber aufsuchen müssen, die Biographie eines weitern unter den hervorragenden Zeitgenossen des Adam Smith, der auch aus Stewart den Nationalökonomen schon bekannt ist. Der Mann, auf dessen Anlass, wie uns Stewart berichtet, Smith im Jahre 1748 seine Vorlesungen über schöne Wissenschaften in Edinburgh eröffnete, der Rechtsgelehrte Henry Home, später Lord Kames, hat am Anfang unseres Jahrhunderts durch Alexander Fraser Tytler of Woodhouselee die wohlverdiente eingehende Lebensbeschreibung erhalten [1]. In dieser Biographie wird nach der Handschrift eines Mitgliedes berichtet [2]), dass die Gesellschaft „Poker" Anfangs 1762 in Edinburgh sich gebildet habe. Sie bestand aus Männern, die auch für Schottland eine Miliz wünschten, wie sie in England existirte. Die Mitglieder wollten aber für ihre Vereinigung keinen demonstrativen Namen wählen und bezeichneten sie als Poker, Schüreisen. Man kam an den wöchentlichen Versammlungstagen zuerst im Diversorium zusammen und speiste gemeinschaftlich um zwei Uhr zu einem Shilling. Dazu wurde Claret und Sherry getrunken, und um sechs Uhr war die Zusammenkunft zu Ende. Hume nennt in seinen Briefen aus Paris im Jahre 1763 und in den folgenden Jahren einige

1) Memoirs of the life and writings of the honourable Henry Home of Kames, erste Auflage in 2 Bänden 1806, zweite Auflage in 3 Bänden 1814.
2) I. (2. Aufl.) p. 255—58 N.

Male den Club, nach dessen Zusammenkünften er sich sehnt[1]).
Ein Verzeichniss der Mitglieder hat derselbe Gewährsmann
aufgesetzt, auf den Tytler's Darstellung sich stützt, und auch
dieses hat der Biograph des Lord Kames in sein Werk aufgenommen[2]). So können wir denn bestimmt angeben, dass
auch Adam Smith gleich seinen berühmten Landsleuten und
nächsten Freunden John Home, David Hume, Hugh Blair,
Adam Ferguson, William Johnstone dem Poker-Club
angehört hat. Derselbe hat bis gegen die Mitte der achtziger
Jahre seinen Bestand bewahrt.

Bei den nahen Beziehungen, welche zwischen Smith und
Lord Kames bestanden haben, ist man veranlasst, die aus-
führliche Biographie des Letzteren noch nach weiteren Nachrichten über unsern grossen Nationalökonomen zu durchsuchen.
In der That enthält Tytler's Werk einen sonst nicht bekannten Brief von Adam Smith[3]), aber auch nur einen einzigen,
so dass wir wohl vermuthen dürfen, dass auch gegenüber seinem alten Gönner Lord Kames Smith kein eifriger Correspondent war. Jener eine Brief ist vom 16. November 1778 datirt und offenbar in Edinburgh geschrieben. Lord Kames hatte,
bevor er die dritte Ausgabe seiner „Versuche über die Sittlich-
keit" zur Veröffentlichung brachte, die Einwürfe, die er gegen
die „Theorie der moralischen Gefühle" darin vorbringen wollte,
dem Verfasser der letzteren, unserm Adam Smith, mitgetheilt.
Dafür dankt Smith und, wenn er auch die Meinungsverschie-
denheit „eines so alten und so guten Freundes" bedauert, so
tröstet ihn das Wort „Partium contentionibus respublica crescit".
Zugleich entschuldigt er sich, dass er Lord Kames nicht be-
sucht hat, „die Nachwehen einer Erkältung hätten ihn die letzten vier, fünf Tage verhindert, am Abend auszugehen". Aus
diesem Brief ist zu entnehmen, dass damals Smith doch schon
seit längerer Zeit wieder in Edinburgh lebte. In einem andern an Lord Kames gerichteten Brief erscheint wenigstens
der Name von Smith. Sir John Pringle nämlich, der Prä-

1) Burton, a. a. O., II. 172, 287.
2) Tytler, a. a. O., III. 78 ff.
3) Tytler, a. a. O., I. p. 270 f.

sident der Londoner Royal Society, schreibt an Kames am
24. Januar 1777, um ihm für die Widmung des Werkes The
Gentleman farmer zu danken, und bemerkt dabei, dass er das
für ihn bestimmte Exemplar durch „Herrn Smith" erhalten
habe ¹). Damit wird der Bericht Stewart's, der Smith
im Jahre 1777 in London sich aufhalten lässt, bestätigt.
Einige Notizen über Smith gibt Tytler aus weniger
authentischen Quellen. Er nennt den Namen desselben unter
den gewöhnlichen Gästen des Kames'schen Hauses Ende der
70er und Anfangs der 80er Jahre ²). Er berichtet, dass die Vorlesungen, die Smith in Edinburgh gehalten, auch nach dem
Weggang desselben fortgesetzt wurden, zuerst von Watson,
dann von Blair, und zuletzt Anlass gaben zur Errichtung eines
Lehrstuhls für schöne Literatur an der Edinburgher Universität ³). Er theilt auch eine sehr hübsche Anekdote über Smith
mit ⁴), für die er allerdings keine Beglaubigung anführt, die
aber doch wohl verdient, hier nacherzählt zu werden. Als
Smith den Antrag, den Herzog von Buccleugh zu begleiten, annahm, sei er mit seiner Vorlesung in Glasgow nicht
fertig gewesen. Er habe einem Gelehrten desshalb den Auf-
trag gegeben, den Schluss an seiner Stelle vorzutragen und
demselben zu dem Zweck seine eigenen Hefte zur Verfügung
gestellt. Trotzdem habe er sein Gewissen nicht beruhigt ge-
fühlt, und als er daher seine Vorträge schloss, habe eine
Anzahl kleiner Päckchen aus der Tasche gezogen, worin er
für Jeden der Zuhörer die Bezahlung der Vorlesung, die er
bereits erhalten, mitgebracht hatte. Beim Aufruf der Namen
verweigerte nun gleich der Erste die Empfangnahme des Gel-
des; da habe ihn Smith am Rocke gefasst und ihm das Päckchen in die Tasche geschoben mit den Worten: „Beim Him-
mel, Sie dürfen mir diese Beruhigung nicht versagen". Damit
habe er Alle zur Annahme gezwungen. —
Fassen wir das Ergebniss unserer Betrachtungen zusam-

---

1) **Tytler**, a. a. O., II. 261.
2) **Tytler**, II. 313.
3) I. 272 ff.
4) I. 272, 73 N.

men. Vor Allem werden wir es als nicht ganz werthlos ansehen, dass die Originalquellen nnd unmittelbaren Denkmale des Smith'schen Lebens, auf die wir hingewiesen haben, eine Controle über fast sämmtliche in der Stewart'schen Biographie enthaltenen äusseren Daten abgeben. Wenn nun dabei durchweg die Richtigkeit und Genauigkeit der Angaben Stewart's als Resultat der Vergleichung und Prüfung hervortritt, so wird allerdings die Darstellung der Smith'schen Lebensschicksale ihrem Inhalte nach nicht verändert, aber der Grad der Zuverlässigkeit, worauf die Erzählung Anspruch machen kann, wesentlich erhöht. In einigen wenigen Punkten aber haben wir auch den Bericht des Stewart bestritten. Um an zwei unbedeutende Punkte zuerst zu erinnern, so haben wir nachzuweisen gesucht, dass Smith früher, als Stewart angibt, in Glasgow auf den Lehrstuhl der Moralphilosophie befördert worden ist, nämlich nicht erst im Jahre 1752, sondern schon Ende 1751. Ferner mussten wir bezweifeln, dass, wie Stewart berichtet, von der Ankunft des Smith in Toulouse bis zur Abreise von dort volle achtzehn Monate vergangen seien, haben auch gesehen, dass der Aufenthalt durch weitere Ausflüge wiederholt unterbrochen worden ist. Eine erhebliche Verschiedenheit aber, die zwischen unserer Auffassung und den Angaben des Stewart hervortrat, betrifft jenen wichtigen Zeitraum, in welchem Smith sein nationalökonomisches Werk verfasst hat. Mit den Worten des Stewart lässt sich unsere Annahme, dass Smith vom April oder Mai 1773 an volle drei Jahre lang ohne wesentliche Unterbrechung in London gelebt hat, durchaus in keinen Einklang bringen. Wenn unsere Ansicht sich als in der Hauptsache richtig bewähren wird, so hat Stewart einer Entstellung des wirklichen Sachverhaltes sich schuldig gemacht. Dieser Umstand allein ist es auch gewesen, wodurch unsere Aussprüche die volle Entschiedenheit, unsere Ueberzeugung den letzten Grad von Sicherheit entbehren mussten. Allerdings sind es authentischere Quellen als der Bericht selbst des zuverlässigsten Zeitgenossen, sind es die unmittelbaren Zeugnisse und Ueberreste des geschichtlichen Lebens selber, welche unsere Behauptung veranlassten; allein eben die benutzten Briefe bewegten sich theilweise in so unbestimmten Wendungen, dass nur durch Interpretationen und Combinirung Wahrscheinlichkeitsschlüsse möglich waren. Wenn nun solchen Schlüssen der ausdrückliche Widerspruch eines bewährten Berichterstatters sich entgegenstellt, so verlieren sie ohne Zweifel an Kraft. Dazu kommt eine weitere Eigenthümlichkeit des Falles, welche für die Behandlung von besonderer Wichtigkeit ist. Wir dürfen nämlich annehmen, dass uns nicht das ganze Material, das zur Entscheidung der Frage benutzt werden kann, zur Verfügung stand, dass ähnlich wie die Quellen, die wir zuerst herangezogen haben, noch andere, die uns bisher unbekannt geblieben, neues Licht verbreiten werden. Wir werden trotzdem sagen müssen, dass in Betreff der erheblichen Frage, ob Smith einen bedeutenden Theil seines nationalökonomischen Werkes in London geschrieben hat, wir uns bei den Angaben Stewart's nicht beruhigen können, dieselben vielmehr für irrig oder doch sehr ungenau halten müssen, weil sie mit urkundlichen Ueberlieferungen unvereinbar sind. Auch die Ansicht aber, die wir den Stewart'schen Angaben entgegengesetzt haben, wird noch nicht als eine in allen Theilen sichergestellte und unzweifelhafte bezeichnet werden dürfen. Wenn es also möglich ist, neue Quellen der Smith'schen Biographie aufzufinden, so wird wohl die erste Untersuchung darauf gerichtet sein müssen, ob sie unsere Vermuthung dem ganzen Umfange nach bestätigen oder einigermaassen einschränken, und welche Mittel sie an die Hand geben, die irreführende Darstellung Stewart's noch überzeugender zu widerlegen.

Wenn wir nun aber nur in wenigen Punkten eine eigentliche Berichtigung an der Darstellung Stewart's vorzunehmen hatten, so haben dagegen unsere Betrachtungen jedenfalls ergeben, dass die Mittheilungen jenes Biographen noch nach vielen Richtungen vermehrt und vervollständigt werden könnten. Es sind in der Lebensgeschichte nur die markanten Wendepunkte, welche Stewart hervorgehoben hat; wie innerhalb längerer Zeitabschnitte, die von solchen bedeutungsvolleren Ereignissen eingeleitet und abgeschlossen werden, das gleichmässiger dahinfliessende Leben im Einzelnen sich gestaltet hat, das lässt sich nur aus Quellen, wie die von uns herangezogenen waren, feststellen. Es ist nicht nöthig, dass wir das Einzelne, worauf wir schon in der Lage waren hinzuweisen, hier wiederholen. Aber eine allgemeine Bemerkung dürfte am Platze sein. Wir finden Smith mit einer viel grösseren Anzahl hervorragender Personen in Beziehung, als bei Stewart genannt werden. Stewart schrieb eben seine Aufzeichnungen zunächst für denselben Kreis, aus dessen Mitte Smith vor nicht langer Zeit gerissen worden, dessen Mitgliedern es genau bewusst war, aus welchen Personen zu Lebzeiten des Smith die geistige Aristokratie Schottlands bestand, der naturgemässe Umgang für einen solchen Mann. Wir hingegen müssen uns heute mit Hülfe gelehrter Forschungen jene Umgebung zusammenstellen, in der Smith in den verschiedenen Abschnitten seines Lebens sich bewegte, und es ist dann allerdings ein besonderer Reiz der Smith'schen Biographie, dass sie uns Veranlassung gibt, auch in die Lebensverhältnisse und den Charakter einer ganzen Reihe durch geistige und sittliche Vorzüge anziehender Männer uns zu vertiefen.

Der „Reichthum der Nationen" hat bei seiner ersten Veröffentlichung nur ein Gefühl unbegränzter Bewunderung erregt, die den Autor fast gänzlich über seinem Buche vergass. Erst neuerdings hat das Bewusstsein sich verbreitet, dass wir es doch mit einem Werke menschlicher Forschung zu thun haben, mit einem Werke von ungemeinen Vorzügen, aber nicht ohne Schwächen, mit einem Werke, dessen innere Eigenschaften auch durch äussere Umstände bedingt worden sind. Im Zusammenhang mit dieser modernen Auffassung steht das Bemühen der heutigen Schriftsteller, den Zustand des nationalökonomischen Wissens vor der Zeit des Adam Smith zu erforschen. Eine weitere Erklärung aber für das phänomenale Buch muss in den persönlichen Schicksalen des Autors gesucht werden, und es ist zu wünschen, dass auch diese zweite Erkenntnissquelle, die Biographie des Adam Smith, lebhaftes Interesse auf sich ziehe und eifrige Bearbeitung finde.

Robert Malthus als Entdecker der modernen Grundrentenlehre.

Niemand ist so geneigt sich zu überheben als derjenige, Einleitung.
der sich sagen kann, dass er bestimmten Vorzügen seines Gei-
stes eine Reihe von Erfolgen zu verdanken hat. In ähnlicher
Art finden wir auch auf dem Gebiete der Wissenschaft, dass
diejenigen Methoden, welche dem menschlichen Denken zum
höchsten Ruhm gereichen und die glücklichsten Ergebnisse
geliefert haben, am meisten der Gefahr ausgesetzt sind, übertrieben und in einem falschen Sinne angewendet zu werden.
So ist es ja in neuerer Zeit der historischen Kritik in überra-
schender Weise gelungen, auf den mannigfachsten Gebieten
altüberlieferte Irrthümer zu zerstören und durch die Kühn-
heit ihrer Schlüsse eine Menge der dunkelsten Geheimnisse
zu entschleiern; allein dieselbe Forschungsweise, ohne Vorsicht
und Takt gehandhabt, hat auch in zahllosen Fällen zur Annahme des Undenkbaren oder zur Anzweifelung des Augen-
scheinlichen verführt. Ist doch ein Literarhistoriker, wie ihm
dann zur Erheiterung der unbefangenen Lesewelt vorgehalten
wurde, soweit gegangen, von einer Anmerkung, die Klop-
stock einem seiner Gedichte beigesetzt hat, zu behaupten,
dieselbe könne nicht richtig sein, die Stelle sei anders zu verstehen, als der Dichter selbst sie interpretirt hat. Dieses
Beispiel einer zu weit getriebenen Skepsis dürfte allerdings
einzig dastehen. Allein in der Geschichte der Nationalökonomie haben wir doch auch den Fall, der hiermit vergleich-
bar ist, dass ein Schriftsteller die Entdeckung einer bedeutenden wissenschaftlichen Wahrheit von sich ablehnt, aber für
diese Angabe keinen rechten Glauben finden will. Es ist Ricardo, der in seinen Untersuchungen wiederholt hervorhebt,
dass die Theorie von den Ursachen und Gesetzen der Bodenrente, die er lehrt, schon vor ihm in Schriften, die er ge-

Leser, Untersuchungen etc.   4

kannt und benutzt habe, vorgetragen worden sei. So findet
sich an einer besonders in die Augen springenden Stelle, in
der Vorrede zu seinem literarischen Hauptwerke, die folgende
Ausführung [1]): „Im Jahre 1815 haben Herr Malthus in seiner Untersuchung über das Wesen und die Entwickelung der
Rente und ein Collegiat der University-Stiftung in Oxford in
seinem Versuch über die Verwendung von Kapital auf Land
fast zu gleicher Zeit der Welt die richtige Lehre von der
Rente geschenkt." Hat in diesen Worten Ricardo ausdrücklich nicht sich, sondern neben dem zuletzt angeführten Ano-
nymus auch Malthus als den Entdecker der modernen Rententheorie angegeben, so hat er dann allerdings das Schluss-
kapitel desselben Buches der Widerlegung einiger Aeusserungen gewidmet, die Malthus in Bezug auf die Rente gethan
hatte. Allein auch in diesem Zusammenhang hat er wiederum anerkannt, dass derselbe Schriftsteller, dem er entgegentritt, den Kernpunkt der richtigen Lehre selbständig entdeckt
habe. Es wird allgemein zugegeben, dass die wesentliche
Eigenthümlichkeit der nach Ricardo benannten Rententheorie
in der Ableitung der Rentenerscheinung aus der Verschiedenheit der Bodenqualitäten liegt [2]). Nun sagt Ricardo, indem
er sich anschickt, gegen Malthus zu polemisiren, dennoch
ausdrücklich, dass derselbe diesen entscheidenden Punkt zuerst in das richtige Licht gerückt habe. „Herr Malhus"
lauten seine Worte [3]), „hat auch die Gesetze der Rente richtig auseinandergesetzt und nachgewiesen, dass ihr Steigen oder
Fallen von den relativen Vorzügen der Lage oder Fruchtbarkeit abhängt, welche unter den im Anbau befindlichen Böden
sich geltend machen, und er hat dadurch viel Licht auf viele

---

1) Ricardo, on the principles of political economy and taxation, preface
(in: The works of David Ricardo, ed. M' Culloch p. 5).

2) Vgl. z. B. Dühring, Kritische Geschichte der Nationalökonomie und
des Socialismus (3. A.) S. 192: „Diese Rentenlehre ist nun ganz und gar auf
die Meinung gegründet, dass die Differenzen der Fruchtbarkeit die entscheidenden Ursachen des wichtigsten Bestandtheils des Einkommens vom Grund und
Boden seien."

3) Ricardo, on the principles of political economy, ch. 32 (ed. M' Culloch p. 243).

schwierige mit dem Rentenproblem in Verbindung stehende Punkte geworfen, die vorher entweder unbekannt oder nur sehr unvollständig begriffen waren." Ferner ist bekannt, dass Ricardo mit den Fragen der Rente und der Getreidepreise zum ersten Male in einer Schrift sich beschäftigt hat, die im Jahre 1815 erschien und „Versuch über den Einfluss eines niedrigen Getreidepreises auf den Kapitalgewinn" hiess. Auch in der Vorrede zu dieser Abhandlung sagt er, dass durch Malthus die richtigen Anschauungen über das Wesen der Rente bereits bekannt gegeben seien. Es heisst hier nämlich [1]): „die Gesetze, welche die Bodenrente beherrschen, sind auf den folgenden Seiten angegeben und unterscheiden sich nur sehr unbedeutend von denjenigen, die von Herrn Malthus in seiner neulich erschienenen ausgezeichneten Schrift, der ich sehr viel zu verdanken habe, so vollständig und so richtig entwickelt worden sind." Hier hat also Ricardo noch mehr gethan, als dem Malthus nur die Priorität in der Entdeckung des Gesetzes der Bodenrente zuzugestehen; er bekennt sogar, dass seine eigenen Ideen über den Gegenstand durch die Malthus'schen Untersuchungen wesentlich beeinflusst worden sind. In seiner späteren Schrift, die sich mit den Fragen der Getreidepolitik eingehend beschäftigt, hat Ricardo in Bezug auf die Rententheorie ebenfalls den Anspruch, der Entdecker derselben zu sein, abgelehnt. „Das Problem der Rente", — so sagt er in seiner Schrift „über den Schutz des Ackerbaues [2])", — „und die Gesetze, von denen das Steigen und Fallen derselben bestimmt wird, — diese Gegenstände sind seit der Zeit des Adam Smith klar gelegt worden. Ich will jetzt auf die Frage von der Bodenrente nicht näher eingehen; der Gegenstand ist durch mehrere tüchtige Schriftsteller in das richtige Licht gesetzt worden". Auch hier wird mit aller Bestimmtheit anderen Gelehrten das Verdienst

---

1) Ricardo, essay on the influence of a low price of corn on the profits of stock showing the inexpediency of restrictions on importation, introduction (in: The Works of Ricardo p. 269).

2) Ricardo, on protection to agriculature, sect. 6 (in: The works p. 477).

der Fortbildung und Umgestaltung der Rentenlehre zuge-
schrieben.

Diesen Aussprüchen Ricardo's gegenüber lässt es sich
allerdings noch wohl vertheidigen, wenn die meisten heutigen
Schriftsteller trotzdem nach seinem Namen die herrschende
Rentenlehre bezeichnen. Denn die neue Theorie mit bewun-
dernswerther Intuition sofort in ihrer vollen Tragweite erkannt,
sie mit der Schärfe einer unerbittlichen Logik in alle ihre
weitreichenden Folgerungen entwickelt, ihr durch seine Darstellung Eingang und Verbreitung in der ganzen wissenschaftlichen Welt verschafft zu haben, — das bleiben unter allen
Umständen die unschätzbaren Leistungen, deren Ruhm Ricardo gesichert ist. Dagegen ist es nun aber unstatthaft,
darum den Männern, auf die Ricardo selbst als auf die
ersten Entdecker hingewiesen hat, ihre Ansprüche auf die An-
erkennung der Nachwelt zu schmälern. Es muss vollends mit
Entschiedenheit zurückgewiesen werden, wenn man Anstrengungen macht, durch einen scheinbaren wissenschaftlichen
Nachweis einem Manne wie Malthus, dem ohnehin die Nationalökonomie so Grosses verdankt, sein Recht zu verküm-
mern. Das ist neuerdings durch Berens geschehen, der in
seinem „Versuch einer kritischen Dogmengeschichte der Grundrente" sich bemüht darzuthun, dass Malthus in der Rentenlehre in allem Wesentlichen auf dem falschen Standpunkt seiner
Vorgänger beharrt hätte. Dass er in der Frage eine bahn-
brechende Entdeckung gemacht, eine neue Epoche eröffnet
hat, wird mit voller Bestimmtheit bestritten. „Malthus",
so resümirt Berens am Schluss seiner Ausführung das Urtheil, zu dem er gelangt [1]), „ist nicht als Entdecker der wahren Rententheorie neben Anderson, West und Ricardo,
ist in der Geschichte der Rentenlehre nicht an den Anfang
der zweiten, sondern noch an den Schluss ihrer ersten Periode
zu stellen." Angesichts der unzweideutigen Erklärungen Ricardo's fällt eine solche Behauptung in sich selbst zusammen. Immerhin dürfte es lohnend erscheinen, durch eine den

1) S. 119.

Quellen folgende Darstellung der Rentenlehre des **Malthus**
die Richtigkeit der Angaben, die **Ricardo** selbst über sein
Verhältniss zu dem älteren Zeitgenossen gemacht hat, im Einzelnen nachzuweisen.

Um jedoch die Verdienste würdigen zu können, die **Malthus** um die Rententheorie sich erworben hat, wird es nothwendig sein, die Ansichten festzustellen, die bei seinen nächsten, von ihm eingestandener Massen gekannten und benutzten
Vorgängern die herrschenden waren. Es handelt sich dabei
in erster Linie um **Smith**, **Say**, **Sismondi** und **Buchanan**, deren Meinungen **Malthus** wiederholt anführt und zu
berichtigen sucht. Eine kurze Charakteristik der Rententheorie dieser Schriftsteller und einiger anderer wird um so nothwendiger sein, als auch darüber bei den neueren Bearbeitern
der nationalökonomischen Dogmengeschichte einzelne Irrthümer sich finden.

Was nun zunächst **Adam Smith** betrifft, so ist seine   Smith.
Rentenlehre ausser in dem Buche von **Berens**[1]) auch von
Trunk[2]) zum Gegenstand der Untersuchung gemacht worden. Diese Kritiker verfahren dabei in ungleicher Weise. Während der Erstere die Meinungen der verschiedenen Schriftsteller unaufhörlich vergleicht und gegen einander abwägt, dadurch aber die Ruhe und Unbefangenheit der vorgeführten
Einzelbilder beeinträchtigt, macht sich bei **Trunk** der ent-
gegengesetzte Mangel fühlbar. Von ihm erhalten wir eine
Analyse der Ausführungen des Adam **Smith**, die sich enge
an die Darstellungsweise des letzteren anschliesst, aber nicht
zu einer selbständigen und einheitlichen Auffassung erhebt.
Es wird für uns darauf ankommen, Darstellung und Kritik
zu trennen, die einzelnen Gedanken, die in ihrer Verbindung
die **Smith**'sche Rententheorie ausmachen, als von einander
unabhängige auseinanderzuhalten, ohne dass wir auf die Reihenfolge Rücksicht nehmen, in welcher sie von dem Schriftsteller selbst entwickelt worden sind; in Bezug auf jeden dieser Ge-

---

1) Vgl. Dogmengeschichte der Grundrente, a. a. O. S. 66—89.
2) **Trunk**, Geschichte und Kritik der Lehre von der Grundrente, in den
Jahrbüchern für Nationalökonomie und Statistik, Bd. 6 S. 66—80.

danken aber wird zu entscheiden sein, ob er durch die spätere Doktrin bestätigt oder widerlegt worden ist.

Da tritt denn vor Allem die Thatsache entgegen, dass eine erste und grundlegende Wahrheit der modernen Rententheorie von A d a m S m i t h bereits klar erkannt war. Er spricht es nämlich schon wiederholt und mit aller Bestimmtheit aus, dass die Rente im Gegensatz zu Lohn und Kapitalgewinn kein nothwendiges Element des Preises bildet, dass sie nicht die Ursache, sondern die Wirkung eines hohen Produktenpreises ist. „Die Rente", — das ist eine besonders entschiedene Formulirung dieses Gedankens, die sich bei ihm findet [1]), — „spielt bei der Bildung des Preises der Waaren eine andere Rolle als Lohn und Gewinn: hoher oder niedriger Lohn und Gewinn sind die U r s a c h e eines hohen oder niedern Preises, hohe oder niedrige Rente ist die W i r k u n g desselben." Dieser Wahrheit konnte auch in der That S m i t h um so weniger sich verschliessen, als sie bereits den besten Schriftstellern seiner Zeit, mit deren Gedankenkreis er sich vertraut gemacht hatte, bekannt war. Von den Physiokraten erhalten wir nur wenig direkte Andeutungen, wie sie sich bei den Bodenprodukten die Preisbildung denken. Allein gerade in den charakteristischen Sätzen ihres Systems liegt es eingeschlossen, dass die Rente nicht als ein nothwendiger Bestandtheil die Höhe des Preises bestimmt. Denn sie geben ja der Rohproduktion vor der Manufaktur gerade darum den Vorzug, weil in jener nicht blos der durch die Produktionskosten bewirkte natürliche Preis erzeugt wird, sondern noch ein weiterer Ueberschuss, und dieser Ueberschuss ist eben das Einkommen des Grundeigenthümers, die Rente. Bei den Bodenerzeugnissen bildet also die Rente nicht einen Theil des nothwendigen Preises, sondern den direkten Gegensatz dazu. Die Industrie ist den Physiokraten ein unproduktives Gewerbe, weil dabei das Produkt gerade nur einen Ersatz der Kosten liefert; wäre das-

---

1) A d a m S m i t h, inquiry into the nature and causes of the wealth of nations, B. I. ch. 11 (ed. M'Culloch p. 67). — Mit Recht ist diese Stelle nachdrücklich hervorgehoben von Roscher, Die Grundlagen der Nationalökonomie, §. 153 N. 1.

selbe beim Ackerbau der Fall, so würde der Vorzug, der ihm nachgerühmt wird, hinfällig. Abgesehen aber von der Nothwendigkeit, mit der diese Schlussfolgerung aus den Prinzipien des Systems sich ergibt, lassen sich doch auch einige Bemerkungen hervorragender Vertreter der Schule citiren, welche derselben Ansicht unmittelbaren Ausdruck geben. So namentlich ein Satz Quesnay's, auf den ich schon an einem andern Orte aufmerksam gemacht habe[1]. „Die Ersparung", sagt Quesnay, „die bei den Ausgaben des Landwirths eintritt, vermindert nicht den Preis des Erzeugnisses, sondern erhöht nur denjenigen Theil, der einen Ueberschuss über die Kosten bildet." Ebenso ist auf eine Stelle aus Turgot hinzuweisen, die folgendermassen lautet[2]): „Die Kosten des Anbaues müssen vom Preis der Bodenprodukte vorweggenommen werden; der Ueberschuss (le surplus) dient dem Landwirth, um damit dem Grundeigenthümer die Erlaubniss zu zahlen, die dieser ihm gegeben hat sein Feld zu benutzen." Aber ebenso wie hier Quesnay und Turgot den Preis der Bodenfrüchte sich bilden lassen, ohne dass hiebei die Rente einen Einfluss übte, so hat auch ein anderer grosser Zeitgenosse des Smith, dem dieser in hohem Masse Dank schuldet, sich zu derselben Ueberzeugung bekannt. In dem Briefe, den er nach dem Erscheinen des Wealth of nations an Smith richtete, hat Hume auch folgenden Satz geschrieben[3]): „Ich kann nicht glauben, dass der Pachtzins einen Bestandtheil im Preise des Erzeugnisses ausmacht, sondern (glaube, sc.) dass der Preis ausschliesslich durch Menge und Nachfrage bestimmt wird." Freilich spricht Hume diese Meinung aus, indem er damit an dem vorher von ihm gerühmten Werke des Freundes eine sachliche Ausstellung machen will. Er ist also zugleich der Ansicht, dass Smith die Rente für einen regel-

---

1) Vgl. Begriff des Reichthums bei Adam Smith S. 76, 82, 83.

2) Turgot, sur la formation et la distribution des richesses §. 63 (Oeuvres, éd. Guillaumin I. p. 40).

3) Burton, Life and correspondence of David Hume, II. p. 486: I cannot think that the rent of farms makes any part of the price of the produce, but that the price is determined altogether by the quantity and the demand.

mässigen Bestandtheil des Preises halte. In diesem Punkte aber
hat er die Meinung des Autors nicht richtig erfasst. Er muss
die angeführte Stelle übersehen haben, wo Smith die Rente
blos als die zufällige Wirkung eines hohen Preises hinstellt, und
er hält sich zu wörtlich an frühere Aeusserungen des Schriftstellers, die von dem Preis und seinen Elementen handeln und
allerdings die Rente als einen der Theile, in welche der Preis
sich auflöst, bezeichnen, auch wohl diese Theile etwas zu gleichmässig charakterisiren [1]). Indem er sie also zu bekämpfen
meint, bekennt sich in Wirklichkeit Hume zu der Lehre von
Smith über die eigenthümliche Natur der Rente. Wenn daher Buckle [2]) wegen des angeführten Satzes Hume einen
Vorgänger Ricardo's nennt, so hat er nicht Unrecht, denn
der Satz, dass die Rente kein nothwendiges Preiselement ist,
bildet eine der Grundlage der moderneren Theorie; er irrt
aber, wenn er meint, dass Hume desshalb in höherem Masse
als Smith sich der richtigen Auffassung genähert hätte, denn
gerade über diesen Punkt sind die Ansichten der beiden Schriftsteller genau die gleichen.

Wenn wir also hier die moderne Lehre schon von Adam
Smith vorbereitet finden, so sind dagegen die Eigenthümlichkeiten und Unvollkommenheiten seiner Auffassung noch viel
mannigfacher. Zunächst schon, was den Begriff der Rente betrifft. Es pflegt nicht hervorgehoben zu werden [3]), dass Smith
seinen Betrachtungen über die Rente eine Definition derselben

---

1) Wealth of nations, B. I. ch. 6 of the component parts of the price of
commodities (ed. M'Culloch p. 23): in every society the price of every commodity resolves itself into some one or other or all of those three parts, and
in every improved society, all the three enter more or less as component parts,
into the price of the far greater part of commodities.

2) Buckle, Geschichte der Civilisation in England (übers. von Ruge)
I. 215 N., II. 451 N.

3) Thünen, der isolirte Staat in Beziehung auf Landwirthschaft und Nationalökonomie I. 14, 15 (vgl. auch Roscher, Grundlagen der Nationalökonomie
§. 154 N. 8), hebt richtig hervor, dass Smith „die Einkünfte, welche der Guts-
herr von einem verpachteten Gute beziehe, Landrente nennt"; aber er schliesst
das nur aus den Lehrsätzen, die Smith über die Rente aufstellt, während der
Schriftsteller diese seine Auffassung noch viel bestimmter, durch eine ausdrückliche Definition, dargelegt hat.

voranstellt. Er thut das freilich in einer Form, die nicht besonders in die Augen fällt, aber ganz in dem Charakter seiner gewöhnlichen Darstellungsweise liegt, die den Ton des Lehrbuchs auf das Aengstlichste vermeidet. Der Abschnitt über die Rente[1]) beginnt nämlich mit den Worten „die Rente, aufgefasst als der Preis, der für die Benutzung des Bodens bezahlt wird, ist die höchste u. s. w." Damit ist ausgedrückt, dass Smith in seiner Untersuchung über die Rente nichts Anderes als dasjenige Einkommen betrachten will, welches der Grundeigenthümer bei einer Verpachtung seines Besitzes bezieht. Wir können daher den Begriff Rente im Sinne des Adam Smith geradezu mit dem Worte Pachtzins wiedergeben. Durch diese eigenthümliche Nüancirung unterscheidet sich die Auffassung, die Smith der Rente zu Theil werden lässt, sehr erheblich von derjenigen, die wir heute mit derselben Erscheinung zu verknüpfen gewohnt sind. Die Rente ist für uns von viel weiterer, allgemeinerer Bedeutung, als sie sich den Augen des Adam Smith darstellte. Für Smith handelte es sich · so zu sagen um ein Internum zwischen Grundeigenthümer und Pächter, von dem die übrigen Gesellschaftsklassen nicht berührt werden. Die modernere Nationalökonomie dagegen sieht in der Rente einen der grossen Zweige, in welche die nationale Produktion sich alsbald zerlegt, von denen jeder also auch die übrigen Einkommenszweige entsprechend vermindert. Sie untersucht desshalb die Berechtigung der Rente, die Bestrebungen, welche darauf gerichtet sind, die Rente zu beschränken, den Einfluss, den die Grösse der Rente auch auf die Lage der nichtlandbauenden Bevölkerung ausübt. So weitreichende Betrachtungen liegen dem alten Nationalökonomen fern. Wie ihm die Rente erscheint, beruht dieselbe auf einem Vertrag, der zwischen Eigenthümer und Pächter zu Stande kommt; dass sie auch für andere Interessen als die der Vertragschliessenden von Einfluss sei, wird nicht erwähnt oder beachtet. Die allgemeinen Gesetze, wovon die Bestimmungen

---

1) B. I. ch. 11, a. a. O. p. 66: rent, considered as the price paid for the use of land; und nochmals ebd. p. 67: The rent of land therefore, considered as the price paid for the use of the land, is etc.

concreter Pachtverträge die Wirkung und der Ausdruck sind, diese will der Schriftsteller besprechen. Dieser Auffassung des Rentenbegriffs bleibt nun Smith in seiner ganzen Darstellung treu. Das tritt namentlich darin hervor, dass er äusserst selten von der Rente schlechtweg spricht, sondern fast regelmässig von der Rente des Grundherrn (rent of the landlord)" [1]. Das zeigt, dass ihm der Rentenbezug nicht eine Thatsache ist, die für jeden in der Nation ihre Wichtigkeit besitzt, sondern dass er darin das spezielle Interessengebiet der Grundeigenthümer erblickt. Darnach lassen sich auch einige heute aufgegebene Untersuchungen und Unterscheidungen würdigen, die wir bei Smith in seiner Darstellung der Rentenlehre finden. So fällt uns auf, wenn er untersucht, welchen Theil etwa des ganzen Erzeugnisses der Bodeneigenthümer erhält [2], oder wenn er in einem späteren Abschnitt in der Rente zwei Bestandtheile unterscheidet, je nachdem der Eigenthümer, was er bezieht, zu seinem alsbaldigen Genuss verwenden kann oder aufsparen muss [3]. Ueberall setzt er auch voraus, dass Kapitalgewinn und Rente von verschiedenen Personen bezogen werden [4].

Es erklären sich noch weitere Eigenthümlichkeiten der Smith'schen Rentenlehre aus der Vorstellung, die der Autor mit dem Ausdruck Rente verbindet. Im Unterschied von spä-

---

1) Ich führe nur die folgenden Stellen aus dem Kapitel über die Rente an: p. 67 afford a rent to the landlord; something . . . always remains for a rent to the landlord; p. 68 rent . . . must belong to the landlord; rent of the landlord; rent which the landlord . . could have drawn; proprietors . . raise the rent of their land; p. 70 a greater rent becomes due to the landlord; p. 74 afford some rent to the landlord; p. 75 it affords therefore some rent to the landlord; no part could afford any rent to the landlord; are of no value to the landlord (= geben keine Rente); it affords no rent to the landlord.

2) B. I. ch. 11 part 2, p. 77: the rent of an estate above ground commonly amounts to what is supposed to be a third of the gross produce. Vgl. B. II. ch. 3, p. 148: in the present state of Europe, the share of the landlord seldom exceeds a third . . part of the whole produce of the land.

3) B. II. ch. 2, p. 124: the gross rent of a private estate comprehends whatever is paid by the farmer; the neat rent, what remains free to the landlord, after deducting the expence of management etc.

4) B. II. ch. 3, p. 147: revenue either to the owner of this capital as the profit of his stock, or to some other person, as the rent of his land.

teren Auffassungen ist ihm nämlich die Rente das ganze Einkommen, das der Grundeigenthümer als solcher bezieht, aber
auch ein Einkommen, das nur ein Grundeigenthümer beziehen
kann. Daraus erklärt sich auf der einen Seite, dass auch derjenige Theil es Pachtzinses, der als Verzinsung der von dem Eigenthümer gemachten Anlagen angesehen werden könnte, für
S m i t h mit unter den Begriff der Rente fällt. Nicht blos die
Bezahlung für die „ursprünglichen und unzerstörbaren Kräfte
des Bodens", wie später R i c a r d o sagt, ist ihm Rente, sondern
Alles, was der Eigenthümer durch blose Verpachtung aus seinem Besitz ziehen kann. Um nur einen einzigen Beleg hier anzuführen, so heisst es einmal: „den Boden in diesen Zustand
zu versetzen, erfordert grössere Ausgaben; desshalb hat der Eigenthümer Anspruch auf eine grössere Rente" [1]). Diejenige
Rente, die für die ursprünglichen Kräfte des Bodens gezahlt
wird, kann durch Meliorationen natürlich nicht gesteigert werden, aber allerdings kann das mit dem Pachtzins geschehen, auch
mit dem natürlichen, d. h. durchschnittlichen und gerechten. Es
ist übrigens daran zu erinnern, dass auch für die Physiokraten
das Gesammteinkommen des Grundeigenthümers die Rente, die
sie als produit net bezeichnen, bildet [2]). Auf der andern Seite
kommen auch ausserhalb des Gebietes der Rohproduktion Einkünfte vor, welche mit der Erscheinung der Rente die grösste
Analogie zeigen; S m i t h kommt aber gar nicht auf den Gedanken, sie als Rente aufzufassen. Insbesondere die durch Ge-
werbsgeheimnisse und Monopole erzielten Gewinne, die S m i t h
von ganz ähnlichen Gesetzen beherrscht sein lässt wie die Rente,
stellt er doch mit der letzteren durchaus nicht zusammen, da
sie ja nicht den Ausfluss eines Bodeneigenthums bilden.

Gerade aber weil für S m i t h die Rente das der besondern Stellung des Grundeigenthümers entsprechende Einkom-

---

1) B. I. ch. 11, p. 70.
2) Vgl. B a u d e a u, explication du tableau économique (Physiocrates, éd.
Guillaumin p. 838, 39): quand on a prélevé, sur la reproduction totale de
l'année, les reprises du cultivateur, le reste s'appelle donc le p r o d u i t n e t ou
le revenu disponible; c'est la part du propriétaire; c'est là ce qui se marchande
. . quand on passe un b a i l à f e r m e.

men ist, hebt er fast nie hervor, dass dieselbe eine engere
Beziehung zum Eigenthumsrechte hat. Darin liegt ein wei-
teres Merkmal seiner Darstellung, das ihn von den späteren Forschern unterscheidet. Man kann ja auch wohl zugeben, dass vom Smith'schen Standpunkt aus die Betonung
des Umstandes weniger nahe lag. Wenn die Rente nichts
ist als der Pachtzins, so braucht es kaum erwähnt zu werden, dass sie nur von demjenigen bezogen wird, der ver-
pachten kann, der also Eigenthümer ist. Dass Eigenthum
die Voraussetzung des Rentenbezugs ist, davon ist wenig die
Rede bei Smith, aber nicht etwa, weil er diese Anschauung
läugnete, sondern weil sie ihm eben ganz selbstverständlich
war. Dass gerade deshalb, weil man eine Rente davon ziehen
kann, auf das Eigenthumsrecht am Boden Werth gelegt wird,
diese Betrachtung stellt er nicht an. Im Gegentheil, er spricht
von Immöbeln, die keine Rente abwerfen, aber doch von Pri-
vaten als ihr Eigenthum behandelt werden. „Das Holz", sagt
er in einem Beispiel, das er vorführt[1]), „gewährt dem Grundherrn keine Rente, und er gibt gewöhnlich Jedem, der sich
die Mühe nimmt ihn darum zu bitten, die Erlaubniss, es in
Gebrauch zu nehmen." Ihm ist nicht die Rentenerscheinung
das Primäre und Selbständige, was ohne Eigenthum auch vorhanden wäre, aber zur Begründung des Eigenthums am Boden
eine Veranlassung abgibt; er kann sich umgekehrt Eigenthum
ohne Rente, aber keine Rente ohne Eigenthum denken. Er
will beispielsweise einmal nachweisen, dass gegenwärtig auch
in den unkultivirten Ländern die Jagdreviere eine Rente abwerfen. Zur Begründung führt er an[2]), „dass selbst die bar-
barischsten Nationen, die Grundeigenthum kennen, auch etwas
auswärtigen Handel zum Absatz ihrer Jagdbeute haben." Darin
liegt deutlich ausgedrückt, wie Smith das Eigenthum als die
stillschweigende oder, wie wir vielleicht richtiger sagen, aus
dem Begriffe selbst folgende Bedingung der Rente ansieht.
Indem er den Handel überall findet, wo Eigenthum besteht,

---

1) I ch. 11 part 2, a. a. O. p. 75.
2) ebd., p. 75.

glaubt er die Rente allgemein nachzuweisen, wo dieselbe überhaupt nur gedacht werden kann.

Der wichtigste Punkt bleibt noch zu besprechen. Wir
haben gesehen, dass für Adam Smith die Rente die Wirkung
eines hohen Produktenpreises ist. Wenn er daher die Entstehung der Rente darauf zurückführt, dass manche Bodenprodukte einen höheren Preis haben, als die Produktionskosten
allein rechtfertigen, so fragt es sich, warum denn diese un-
gewöhnliche Höhe des Preises eintritt. Die Antwort, die
Smith darauf zu geben hat, wird uns wenig befriedigend erscheinen. Es ist ihm eben die „Nachfrage“, der Eifer der
Kaufenden, was hier maassgebend sei. „Ob der Preis“, so sagt
er (p. 67), „mehr beträgt als die Produktionskosten oder nicht
mehr, das hängt von der Nachfrage ab.“ Smith findet nun
bekanntlich, dass die Nachfrage eine besonders starke ist, soweit sie sich auf Nahrungsmittel richtet, nicht immer so stark,
wenn sie andere Bodenerzeugnisse zum Gegenstand hat, dass
folglich die Erzeugung von Nahrungsmitteln immer auch eine
Rente dem Bodeneigenthümer verschafft, die Erzeugung anderer
Roherzeugnisse nur in gewissen Fällen. Weniger bekannt ist
es, dass die Unterscheidung dieser zwei Arten von Bodenprodukten eine Reminiscenz ist an die physiokratische Lehre.
Innerhalb der für sie so wichtigen „jährlichen Reproduktion“,
d. h. der Roherzeugnisse, unterscheiden die Physiokraten die
zwei grossen Gruppen subsistances, Nahrungsmittel, und matières premières, Rohstoffe. In den überhaupt durch ihre Klarheit ausgezeichneten Schriften des Abbé Baudeau wird der
Unterschied wie folgt auseinandergesetzt:

„Unter dem Worte subsistances müssen wir diejenigen
Naturerzeugnisse verstehen, die zur Ernährung des Menschen
verbraucht werden ... Aber es genügt nicht zu essen und zu
trinken, man braucht Kleidung, Wohnung, Möbel, Transport-
mittel, Unterhaltung u. s. w... Diese Fabrikate bestehen aus
Rohstoffen, matières premières [1]).“ Ganz ebenso theilt Smith
ein: „Nach der Nahrung bilden Kleidung und Wohnung die

---

1) Baudeau, explication du tableau économique, in der Guillaumin'schen
Ausgabe der Physiocrates p. 843, 44.

zwei grossen Bedürfnisse des Menschengeschlechts"[1]), und
dann noch eingehender: „Kleidung und Wohnung, Möbel und
was man Ausstattung nennt, bildet den hauptsächlichen Gegenstand des grösseren Theils jener Wünsche und Launen [2])."
Den Physiokraten aber ist nicht nur diese Unterscheidung
innerhalb der Bodenprodukte geläufig, die wir dann auch bei
S mit h finden; auch der weitere aus S mit h bekannte Satz findet sich bei ihnen, dass nach gewissen Bodenprodukten eine stär-
kere Nachfrage bestehe als nach den sonstigen Erzeugnissen.
„Bei den Rohprodukten", sagt Q u e s n a y [3]), „übersteigen die
Bedürfnisse der Käufer immer die Menge des Erzeugnisses."
Und an einer andern Stelle heisst es bei ihm [4]): „die Verzehrer übersteigen immer um ein Bedeutendes die wirkliche
Verzehrung; die Verzehrer vermehren sich überall, wo der
Unterhalt sich vermehrt." Auch die Physiokraten leiten aus
dieser starken Nachfrage den hohen Preis, der die Ablassung
einer Rente gestattet, her. Nur sind sie in ihrer Ausdrucksweise ungenauer. Sie betonen es nicht überall, dass nur bei
der Erzeugung der Nahrungsmittel, dieser einen Art der Bodenprodukte, der hohe Preis und damit die Rente immer erzeugt wird. Und doch liegt das in der Begründung, die sie
für den Lehrsatz geben, eingeschlossen. Denn dass entsprechend der Gewinnung etwa von Eisen und Kohle die Volkszahl sich vergrössere, daran haben sie sicherlich selbst nicht
geglaubt. Daher ist S mit h allerdings dem Wortlaute nach
schärfer und genauer als die Physiokraten, aber im Sinne doch
wesentlich in Uebereinstimmung mit ihnen, wenn er nur von
der einen Gruppe der Bodenprodukte lehrt, dass bei ihrer Erzeugung i m m e r eine Rente vorkomme.

1) p. 74: after food, clothing and lodging are the two great wants of
mankind.

2) p. 75: clothing and lodging, household furniture and what is called
equipage, are the principal objects of the greater part of those wants and fancies.

3) Dialogue sur les travaux des artisans (Physiocr. p. 210): les productions
·· ont leur prix réglé par .. la concurrence des acheteurs dont les besoins sur-
passent toujours la masse de la reproduction.

4) Dialogue sur le commerce (Physiocr. p. 152): les consommateurs se mul-
tiplient partout où la subsistance se multiplie. Vgl. auch L e s e r, Begriff des
Reichthums bei Adam Smith, p. 82—84.

Wäre er nicht der Schüler der Physiokraten, so hätte S m i t h eine solche Anschauung noch in anderer Weise als durch den Hinweis auf die mit dem Unterhalt wachsende Volkszahl begründen können. Denn es besteht noch zwischen den Grundstükken, welche Nahrung, und denjenigen, welche etwa Baumaterial oder Heizung liefern, der weitere Unterschied, dass jene in der Gegenwart durchweg meliorirt, mit Gebäuden besetzt, überhaupt durch planmässige Anstrengungen des Menschen verändert sind, während Wälder, Steinbrüche oder Bergwerke grossen Theils ihr Produkt ohne die Aufwendung von Anlagekosten liefern. Da S m i t h nun in der Rente das Einkommen des Grundeigenthümers als solchen erblickt, so könnte er die Thatsache, dass alle Ackerfelder Rente abwerfen, einfach damit begründen, dass dieselben heute sämmtlich Aufwendungen des Eigenthümers neben ihren ursprünglichen Bestandtheilen und Kräften in sich enthalten. Freilich hätte er auch darauf eine richtige Rententheorie nicht stützen können. Es handelte sich für ihn überhaupt nur um die Wahl, von welcher Grundlage aus er seine Behauptung aufstellen wollte, die ihn doch unvermeidlich in Widersprüche verwickeln musste. Denn was einerseits die Annahme betrifft, dass die Ackerfelder desshalb Rente bringen, weil sie Nahrungsmittel erzeugen, so lässt sich dieselbe mit den einfachsten Erscheinungen des Lebens nicht in Einklang bringen, und es bleiben daher Einwürfe gegen die S m i t h'sche Theorie, die S m i t h selbst nicht erwähnen konnte, weil sie nicht zu beseitigen sind. Wenn nämlich ein Theil der Grundstücke Rente bringt und gleichzeitig ein anderer wegen der Besonderheit der darauf gewonnenen Früchte ohne Rente bleibt, warum wird der Anbau auf dem letzteren nicht geändert? Warum wird beispielsweise aus rentelosen Wäldern nicht rentebringendes Ackerland gemacht? Warum ist denn, wenn alle Nahrungsmittel zu einem Preis verkauft werden, der noch einen Ueberschuss über die Produktionskosten ergibt, nicht alles Land urbar gemacht und mit Getreide angebaut? Es muss also doch auf manchem Boden, auch wenn man ihn Brodfrüchte liefern liesse, der Anbau verlust-

1

bringend sein, ebenso wie er in den von Smith hervorgeho-
benen Fällen einen Ueberschuss über die Produktionskosten erträgt. Sollte da nicht zwischen diesen beiden Extremen auch
ein Indifferenzpunkt existiren, wo sich weder Verlust noch
Rente ergibt, wo es sich also gerade noch lohnt, Land in
Ackerfeld zu verwandeln? Für Adam Smith ist es freilich
schwieriger, sich dieser Widersprüche bewusst zu werden, weil
sein Begriff der Rente ein unzweckmässiger, unklarer ist. Denn
ihm sind ja auch Zinsen, welche die Kosten der Urbarmachung
einbringen, ein Theil der Rente, und so kann nach seiner Auffassung ein Gut, dessen Anbau effektiven Verlust verursacht,
doch zugleich eine Rente einbringen. Hätte nun aber umgekehrt Smith gesagt, dass bei allem Ackerland Kosten die
Urbarmachung begleiten, und deshalb immer ausser der Verzinsung des Betriebskapitals und den Löhnen Anspruch auf eine
Rente bestehe, so war das wiederum den Thatsachen gegenüber,
die Smith unbefangen gesammelt hatte, nicht haltbar. Diese
ergeben Rente ohne Kosten der Urbarmachung [1]), und so wird
man doch wieder getrieben zuzugestehen, dass auch unter den
Ackerfeldern selbst hinsichtlich des Abwerfens von Rente ein
Unterschied besteht. Manche werfen einen Ueberschuss ab,
ohne Kosten verursacht zu haben, andere werfen einen solchen
ab, der aber nicht einmal der Verzinsung des Anlagekapitals
gleich kommt. Beides nun gleichmässig eine Rente zu nennen
und als einheitliche Erscheinung zu behandeln, ist ein Mangel
an Schärfe, und hier liegt eben das $\pi\varrho\tilde{\omega}\tau o\nu$ $\psi\epsilon\tilde{\upsilon}\delta o\varsigma$, auf das
wir bei Smith immer wieder stossen.

Man hat nun häufig gesagt, dass Smith bei den Böden,
die keine Nahrungsmittel tragen, das Prinzip der Rente rich-

---

1) Das führt Smith im Eingange seiner Erörterungen über die Rente
(B. I. ch. 11) weitläufig aus, wo es u. A. heisst (a. a. O. p. 66): „der Grundeigenthümer fordert Rente auch für nichtverbesserten Boden, und der vermeint-
liche Zins oder Kapitalgewinn von den Verbesserungen ist im Allgemeinen eine
Vermehrung der ursprünglichen Rente.“ In einem andern Zusammenhang sagt
er auch (B. II. ch. 1, p. 123): „das Erzeugniss des Bodens verhält sich bei
gleichbleibender Fruchtbarkeit wie die Menge und richtige Anlage des darauf
verwendeten Kapitals, bei gleichbleibendem und gleichmässig angewendetem
Kapital wie die natürliche Fruchtbarkeit.“

tiger erfasst habe. Ricardo[1]) und neuerdings Roscher[2])
meinen, er sei hier der modernen Theorie ganz nahe gewesen.
In einem gewissen Sinne lässt sich das zugeben. Smith ist
hier nämlich von dem Irrthum frei, dass jedes Grundstück
eine Rente übrig lasse, und soweit ist, was er sagt, in höherem Masse der richtigen Einsicht nahe. Allein dass er in diesem Falle in dem Vorurtheil, das ihn sonst an der Entdeckung
der Wahrheit hinderte, nicht befangen war und dennoch die
richtige Rententheorie nicht auffand, zeigt deutlich, dass diese
Erkenntniss nur in einem ganz anderen Gedankenkreis entstehen
konnte, als derjenige war, in welchem er sich bewegte. Adam
Smith hat nämlich auch bei den Kohlengruben nicht das
massgebende Preisgesetz aufgesucht, worauf es für die Erklärung der Rentenerscheinung überall ankommt. Es ist immer
nichts Anderes als das Verhältniss von Angebot und Nachfrage,
woraus er wie die Getreidepreise so auch die Kohlenpreise erklärt. So ist ihm der höchste mögliche Kohlenpreis derjenige,
der dem Holzpreis gleichkommt[3]). Dann lässt er den Kohlenpreis von einer Berechnung der Kohlenbesitzer abhängen, dass
es nämlich vortheilhafter sei, einen grossen Umsatz zu machen,
als auf hohen Preis zu halten[4]). Weiter wirkt nach Smith
auf den Kohlenpreis ein, dass auch die Besitzer armer Gru-
ben billig verkaufen müssen, um nicht von den Besitzern der
ertragreichen aus dem Feld geschlagen zu werden[5]). Endlich

1) Principles of political economy ch. 24 (ed. M'Culloch p. 199) heisst
es von den betreffenden Stellen : the whole principle of rent is here admirably
and perspicuously explained.

2) Grundlagen der Nationalökonomie § 154 n. 8 : Smith ist in Bezug auf
Kohlengruben dem wahren Rentenprincipe sehr nahe gekommen.

3) I. 11 part 2, p. 76 : the expense of coals .. must generally be somewhat
less than that of wood.

4) ebd., p. 77 : the coal masters find it more for their interest, to sell a
great quantity at a price somewhat above the lowest than a small quantity at
the highest.

5) Das ist der ganze Sinn der Stelle, auf welche später zuweilen ein grosser Nachdruck gelegt worden ist, weil darin eine Beziehung unter Minen verschiedener Reichhaltigkeit erwähnt wird, ebd., p. 77 : the most fertile coal mine
regulates the price of coals at all the other mines in its neighbourhood . . . their
neighbours are soon obliged to sell at the same price.

findet sich auch der Satz, dass der Preis wenigstens die
Kosten decken muss und dass, wenn er nicht höher ist, der
Eigenthümer des Bergwerks keine Rente bekommen kann [1]).
Von andern Minenprodukten, für die er dieselben Preisgesetze
annimmt, bemerkt Smith, dass ihr Preis im Verhältniss ihrer Seltenheit wächst, im Verhältniss der Reichlichkeit abnimmt [2]).
Wenn man alle diese an sich nicht unrichtigen Bemerkungen
über die Mineralien zusammenfasst, so enthalten sie kein all-
gemeines Preisgesetz und tragen desshalb zum Verständniss
der Rentenerscheinung nicht bei. Wir bleiben immer bei dem
Satz, dass die Rente sich findet, wo der Preis eines Produktes über den Kostenbetrag hinausgeht. Denn das kann doch
nicht als Gesetz der Rente angesehen werden, wenn noch hinzugefügt wird, dass der einzelne Bergwerksbesitzer um so mehr
Rente bezieht, je mehr einerseits sein Bergwerk liefert, und
je geringer andrerseits die Gesammtausbeute aller Bergwerke
ist. In diesen Ausdruck lässt sich mit Fug und Recht zusammenfassen, was Smith als allgemeine Wahrheit über die
Bestimmungsgründe der Rente der Mineralien auszusagen weiss.
Damit ist natürlich ein festes Mass für diese Einkommensart
nicht gegeben, und so ist in Bezug auf dieselbe nur angedeutet, wann sie wächst, wann sie abnimmt, aber nicht, wie
gross sie ist. Wo die Rente nicht in Frage kommt, lehrt
Smith aus Löhnen und Kapitalgewinnsten den Preis berech-
nen. Bei den Gütern aber, in deren Preis auch Rente enthalten ist, hören wir, dass der Preis ausser in jenen Löhnen und Gewinnsten auch noch in Rente besteht, während uns
andrerseits gesagt wird, dass die Rente der Ueberschuss des
Preises über die Summe der Löhne und Gewinnste ist. Mit
andern Worten, es fehlt für diesen Fall auch das Gesetz des
Preises, und so lange es nicht gelingt, den fehlerhaften Cirkel
zu vermeiden, der den Preis aus der Rente und die Rente

---

1) ebd., p. 77: the lowest price at which coals can be sold .. is .. the
price which is barely sufficient to replace together with its ordinary profits the
stock which must be employed .. At a coal mine for which the landlord can
get no rent .., the price of coals must generally be about this price.

2) ebd., p. 79: their highest price .. determined by .. the actual scarcity or plenty.

aus dem Preise erklärt, kann von einer Entdeckung des Gesetzes, wodurch die Rente beherrscht wird, nicht die Rede sein.
Smith hat aber gerade bei seiner Besprechung der Berg-
werksrente selber ein ganz anderes Ziel im Auge gehabt als
die genauere Fixirung des Produktenpreises oder der Rente,
die darin enthalten ist. Die ganze Auseinandersetzung ist
auf den Nachweis zugespitzt, dass reiche Edelmetallminen
keine wahre Bereicherung der Nation bedeuten. Der Grund-
gedanke des Merkantilsystems soll mit Hülfe der Rentenlehre
widerlegt werden, nämlich durch die Erwägung, dass, der reichen Ausbeute entsprechend, der Tauschwerth der Gewichts-
einheit sich erniedrigt, der Gesammtwerth der Ausbeute also
nicht mit der steigenden Quantität wächst. Desshalb betont
auch Smith, dass der Preis der Mineralien davon abhängt,
ob das Land hinlänglich mit Nahrungsmitteln versehen ist;
damit werden die Nahrungsmittel als der bedingende, selber
unbedingte, daher echtere Reichthum hingestellt. Für diese
Schlussbetrachtung genügt es dann freilich, wenn man Preis
und Rente der Mineralien von der Menge des Erzeugnisses
abhängen lässt. Die absolute Höhe des Preises zu suchen,
hatte also Smith desshalb keinen Anlass, weil er einerseits die
Rente vom Standpunkt des Bodeneigenthümers auffasst, andrerseits zwar noch ein alle Klassen gemeinsam berührendes Problem
damit in Verbindung brachte, aber nur das wenig subtile von
der Verschiedenheit der Begriffe Edelmetall und Reichthum.
Für den Bodeneigenthümer aber hat er nur die Angabe gemacht, dass die Rente eine Monopolhöhe habe, die von der
Zahl und dem Eifer der Pachtlustigen abhänge [1]. —
    In der Geschichte der Rentenlehre zeigt sich wiederholt,
wie die Ideen mit einer Art selbständiger Kraft ihre Entwickelung vollziehen und die Geister der Schriftsteller dabei
fast nur als das Gefäss benutzen, in welchem der natürliche
Umbildungsprocess einen Raum findet, wo er abläuft. So hat
Smith mit seiner unvollkommenen Auffassung, die er wiede-

---

1) B. 1 ch. 11, p. 67: The rent of land .. is naturally a m o n o p o l y
price. Vgl. auch B. I cb. 10 part 1, p. 54: the dearness of ground rent, every
landlord acting the part of a m o n o p o l i s t.

rum aus den Principien seiner französischen Lehrmeister ab-
geleitet hatte, auf die Folgezeit eine tiefe Einwirkung geübt
und das allmähliche Auftauchen und die endgültige Herrschaft
der richtigen Anschauung angebahnt. Dagegen sein jüngerer
Zeitgenosse und Landsmann James Anderson, der durch
die Kraft seines äusserst klaren und scharfen Verstandes und
in voller Freiheit von allen beschränkten Schulmeinungen auf
den ersten Wurf eine vollkommen richtige und überzeugende
Erklärung der Rente gegeben hat, ist ohne allen Einfluss auf
Mit- und Nachwelt geblieben, und noch heute wird sein Verdienst nur widerstrebend anerkannt. Die umständlichere Auseinandersetzung über das Wesen der Rente, die sich in Anderson's anonym erschienenem Enquiry into the nature of
the corn laws pp. 45—48 findet, hat Macculloch wiederholt, namentlich in der Literature of political economy pp. 68—
70, vollständig abdrucken lassen. Anderson hat aber die
nämliche Theorie in mehreren seiner Schriften vorgetragen und
damit ausgedrückt, dass er persönlich sowohl von der Richtigkeit wie von der Bedeutung derselben vollkommen durchdrungen war. Macculloch weist an der angeführten Stelle
namentlich noch auf die Recreations in agriculture, natural
history, arts ec. Bd. V pp. 401—5, hin; ich gebe im Folgenden aus dem auch in Deutschland verbreiteten Buche Anderson's, Observations on the means of exciting a spirit of national industry, das 1777 erschienen ist und u. A. gegen das
im Jahr zuvor erschienene Smith'sche Werk die Prämien für
die Getreideausfuhr vertheidigt, die Darlegungen über das Wesen der Bodenrente. Sie finden sich S. 375 und 376 und lauten:
    „Getreide kann nicht ohne eine gewisse Aufwendung von
Arbeit hervorgebracht, und es kann nicht zu Markt geführt
werden, wenn der Landwirth nicht einen Preis empfängt, der
ihn für jene Aufwendung schadlos hält. Den Lohn dieser
Arbeit, die nöthig ist zur Erzeugung des Getreides, nenne ich
dessen inneren Werth. In einem Lande, das einen sehr fruchtbaren Boden besitzt, kann offenbar eine bestimmte Getreidemenge mit einer viel geringeren Aufwendung hervorgebracht
und zu Markt geführt werden, als in einem unfruchtbareren

Lande möglich ist. Der innere Werth des Getreides muss daher in dem letzteren höher sein als in jenem, und folglich kann ohne Gefahr der durchschnittliche Getreidepreis im Verhältniss zu andern Gütern in einem fruchtbaren Lande niedriger sein als in einem unfruchtbaren. Wenn die Gesetzgebung durch ihre Handelspolitik oder eine Verwaltungsmassregel dahin wirken sollte, den durchschnittlichen Getreidepreis in einem unfruchtbaren Land niedriger zu halten, als dieser wahre innere Werth beträgt, so würde der Landwirth genöthigt, seine Beschäftigung aufzugeben, die Böden würden unbearbeitet bleiben, und die Einwohner wären gezwungen, wegen ihres Unterhaltes allein von fremden Nationen abzuhängen. . . In jedem Lande gibt es verschiedene Böden, welchen verschiedene Grade der Fruchtbarkeit verliehen sind, und daraus ergibt sich, dass der Landwirth, der den fruchtbarsten Boden bebaut, im Stande ist, sein Getreide zu einem viel niedrigeren Preis zu Markt zu bringen als Andere, die ärmere Böden bebauen. Allein wenn das Getreide, das an diesen fruchtbaren Stellen wächst, nicht vollständig hinreicht, den Markt mit seinem ganzen Bedarf zu versehen, so steigt der Preis auf dem Markte naturgemäss zu solcher Höhe, dass Andere für die bei der Bebauung ärmerer Böden nöthige Aufwendung entschädigt werden. Der Landwirth nun aber, der die reichen Stellen hat, ist im Stande, sein Getreide zu demselben Preise auf dem Markt zu verkaufen wie diejenigen, welche ärmere Felder inne haben; er bekommt also viel mehr als den „innern Werth" des Getreides, das er erzeugt. Desshalb sind Viele begierig, in den Besitz dieser fruchtbaren Felder zu gelangen, und sind erbötig, für ein ausschliessliches Recht der Bebauung eine gewisse Prämie zu zahlen, die im Verhältniss der grösseren oder geringeren Fruchtbarkeit des Bodens höher oder niedriger ist. Diese Prämie bildet das, was wir jetzt „Rente" nennen, ein Mittel, mit dessen Hülfe die Kosten, Böden von ungleichen Fruchtbarkeitsgraden zu bearbeiten, ganz auf den nämlichen Betrag gebracht werden. Desshalb ist es klug, in Ländern von mässiger Fruchtbarkeit, den durchschnittlichen Getreidepreis (von Obrigkeits wegen) hinreichend hoch zu bestimmen,

dass der Landwirth in den Stand gesetzt ist, von jenen unfruchtbaren Feldern soviel anzubauen, als nöthig ist, um Getreide für den Nahrungsbedarf der ganzen Bevölkerung auch
in den knappsten Jahren zu liefern, damit dieselbe niemals in
Gefahr ist, an diesem unentbehrlichen Lebensmittel Mangel zu
leiden."

Man kann nicht in kürzerer, verständlicherer und ein-
leuchtenderer Weise die Entstehung und das Wesen der Rente
darlegen, als es hier geschieht. Man sieht aber zugleich,
dass nur durch die Auffindung des Preisgesetzes, wovon die
Bodenfrüchte beherrscht werden, die Rentenerscheinung be-
greifbar wird. Adam Smith hat sich um die Feststellung
jenes Preisgesetzes nicht genügend bemüht, und er hat desshalb auch nur unvollkommene Einsicht in das Wesen der
Rente gewonnen, nur in sehr unsicheren Umrissen ihre Natur
zu zeichnen gewusst. Anderson hat in beiden Beziehungen
treffliche Forschungen angestellt und unerschütterliche Resultate erzielt. Allein es hat nun mehr als ein halbes Jahrhundert
gedauert, ehe seine Ausführungen irgend eine Aufmerksamkeit
erregten. Bernhardi[1]) und Roscher[2]) erinnern daran,
dass die Theorie unbeachtet blieb, weil zu Anderson's Zeit
die Klasseninteressen noch nicht in einem solchen Gegensatz
standen wie später. Das ist gewiss richtig; denn wenn das
mobile Kapital, das monied interest, wie es seit lange genannt
wurde, in England auch früher Wichtigkeit und Macht ge-
wann, als auf dem Continent, so hat es doch gerade erst am
Ende des achtzehnten Jahrhunderts durch den Aufschwung der
Fabrikation und am Anfang des neunzehnten durch die Handelsverhältnisse und die Kriegsanlehen den grössten Zuwachs an
Einfluss gewonnen. Aber nicht dieser Umstand allein hat die
Verbreitung der Anderson'schen Theorie gehindert. Die
Hauptursache scheint doch gewesen zu sein, dass der Schriftsteller versäumte, originelle Vorschriften für die Praxis aus
seiner Entdeckung abzuleiten. Schon aus dem Schlusssatz der

---

1) Bernhardi, Kritik der Gründe, die für grosses und kleines Grundeigenthum angeführt werden, S. 262.
2) Grundlagen der Nationalökonomie §. 154 N. 8.

obigen so scharf gedachten Auseinandersetzung ist zu ersehen,
dass Anderson von der Einmischung des Staates in den
Handel noch eine günstige Meinung hatte, und es treten bei
dem sonst so klaren Denker sogar merkantilistische Anklänge
hervor [1]). So hat er auch aus seiner Rententheorie nicht jene
Folgerungen gezogen, durch welche allein dieselbe später soviel Kämpfe erregt und soviel Augen auf sich gezogen hat;
bei Anderson ist die Ausführung über die Rente nur von
theoretischem Werth und wird nicht einmal von ihm selber
als Beweis für seine Aufstellungen angesehen. Zur Verthei-
digung von Einfuhrzöllen und Ausfuhrprämien, denen Anderson seinen Beifall schenkt, ist offenbar eine richtige Rententheorie vollkommen entbehrlich, und dass die hohen Pachtzinse nicht auf der Willkür der Grundeigenthümer beruhen,
wird man schon zugeben, wenn man überhaupt an irgend eine
Gesetzmässigkeit in wirthschaftlichen Dingen glaubt, namentlich aber, wenn man den auch von Smith gelehrten Satz
kennt, dass der Preis die Rente und nicht die Rente den
Preis bestimmt. So liess sich nicht etwa eine neue Beweisführung für praktische Streitfragen den Anderson'schen
Schriften entlehnen; eine gelegentliche, rein theoretische Erörterung aber, noch dazu in Büchern, die in Schottland gedruckt wurden und im Wesentlichen schottische Angelegenheiten behandelten, hatte von vornherein alle Aussicht, von
der englischen Wissenschaft unbemerkt zu bleiben. —

Wenn wir zu den Nachfolgern des Adam Smith über- Say.
gehen, so können wir in Bezug auf die beiden französischen
Schriftsteller Jean Baptiste Say und Sismondi uns kurz
fassen. Bei der Untersuchung der Ansichten, die Say aus
Smith entwickelt hat, müssen wir uns zunächst darauf beschränken, die erste Auflage seines Traité d'économie politique, die im Jahre 1803 erschienen ist [2]), zu betrachten, da die

1) Man vgl. z. B. in den hier benutzten Observations on the means of
exciting a spirit of industry p. 340, 41: in the first case it is plain, that the
national stock would be diminished by the whole price of that which was paid
for the corn imported, and in the last case it would gain the whole amount
of what it drew from foreign nations as the price of corn exported.
2) Trunk und Berens haben diese Ausgabe nicht benutzt.

zahlreichen späteren Bearbeitungen durch die inzwischen er-
folgte Weiterbildung der englischen Theorie wenigstens berührt sind. Es verdient bemerkt zu werden, dass in jener
ersten Auflage des Say'schen Traité die Bezeichnung „Rente"
gar nicht vorkommt. Von dem Gegenstand freilich, den wir
Rente nennen, spricht der Schriftsteller, und in einigen Beziehungen verbessert er die Lehre des Smith. Vor Allem
trennt er den Fall der Selbstbewirthschaftung des Bodens von
dem der Verpachtung. Das Einkommen des Grundeigenthümers im ersteren Falle heisst bei ihm profit des fonds de
terre, im letzteren einfach fermage[1]. Ebenso ist er darin
schärfer als Smith, dass er das Einkommen, soweit es den
ursprünglichen Kräften des Bodens verdankt wird, von demjenigen unterscheidet, das auf Verbesserungen durch menschliche Arbeit beruht[2]. Im Uebrigen hat freilich Say in der
Erkenntniss der Entstehung der Rente und in der Feststellung der Umstände, von denen die Höhe derselben abhängt,
keinen Fortschritt über Smith hinaus vollzogen. In e i n e m
Punkte hat er jedoch die Ansichten desselben näher entwik-
kelt und deutlicher ausgedrückt. Auch Smith nämlich hat
ja, wie wir festgestellt haben, in dem Eigenthumsrecht die
nothwendige Voraussetzung der Rente gesehen; aber Say hat
es mit grösserer Bestimmtheit und Ausführlichkeit betont,
dass in der Rente Leistungen der Natur desshalb bezahlt werden, weil es einzelnen Menschen gelungen sei, den Boden sich
ausschliesslich anzueignen[3]. In Bezug auf die Höhe der
Rente weiss Say nicht mehr zu sagen, als dass dieselbe nach
der Fruchtbarkeit des Bodens, nach der Lage in einem be-

---

1) Traité d'économie politique (an XI, 1803) II. p. 304: j'ai pu confondre
souvent les profits des fonds de terre avec les fermages qu'on en retire ...
mais il ne s'ensuit pas que l'un et l'autre soient une même chose; il y a entre
eux la même différence qu'entre les profits du capital et l'intérêt de l'argent.

2) A. a. O., II. 320, 21: lorsque le propriétaire répand un capital en amé-
liorations sur la terre, ... alors le fermage se compose non — seulement du
profit du fonds, mais de l'intérêt de ce capital.

3) A. a. O., II. 305, 6: la terre .. n'est pas le seul agent de la nature
qui ait un pouvoir productif; mais c'est le seul, ou à peu près, que l'homme
ait pu s'approprier et dont par suite il ait pu s'approprier le bénéfice.

stimmten Land und an bestimmter Stelle desselben, endlich nach dem Vorhandensein oder Fehlen hindernder Umstände, z. B. von Steuern, sich richte[1]). Auch dass die Rente in dem Ueberschuss des Preises über die Kosten besteht, wiederholt er[2]). Von der eigenthümlichen Unterscheidung, die Smith zwischen der Rente von Ackerfeldern und derjenigen anderer Grundstücke macht, hat er seine Darstellung völlig frei gehalten[3]). Den Pachtzins lässt auch er genau der Rente, die bei der Selbstbewirthschaftung bezogen wird, sich anpassen[4]). Say hat auch später, nachdem die Rententheorie in den Vordergrund des wissenschaftlichen Interesses getreten war, seine ersten Ansichten durchweg festgehalten. Nur sucht er sie den neueren Schriftstellern gegenüber zu vertheidigen, und ausserdem hat er nun auch der Bezeichnung „Rente" Aufnahme gewährt. Allein er gebraucht diesen Ausdruck ganz abweichend von der sonstigen Bedeutung, die demselben allgemein von den Schriftstellern beigelegt ist. Say bezeichnet als „Rente" die Proportion zwischen dem Reinertrag der Grundstücke, also dem, was man sonst immer „Rente" nennt, und dem Preise der Grundstücke. Er unterscheidet die „Rente" ausdrücklich von dem „profit des fonds de terre", mit welchem letzteren Ausdruck er ja bezeichnet, was gewöhnlich Rente genannt wird. Die Auseinandersetzung, die auffallender

---

1) A. a. O., II. 307: profits .. variables en raison de trois circonstances...: 1° la position du terrain et la richesse du pays où il se trouve placé; 2° sa fécondité .. 3° les charges auxquelles son produit est assujéti.

2) A. a. O., II. 307, 8: profit proportionné à la part qu'il a eue à la production, moins les frais qu'il a fallu faire pour porter ces produits au marché .. quand cette déduction ne laisse rien pour le profit du terrain, le terrain n'a aucun profit.

3) Was Smith blos von Bergwerken u. s. w. zugeben will, dass sie rentelos bleiben können, stellt Say allgemein hin und bezieht sich dabei sogar auf Smith'sche Beispiele; vgl. a. a. O. II. 308: on voit en Ecosse de mauvais terrains ainsi cultivés par leurs propriétaires et qui ne pourraient l'être par aucun autre, dagegen sagt Smith ausdrücklich: many coal mines in Scotland are wrought in this manner (by the landlord sc.), and can be wrought in no other.

4) A. a. O., II. 318: le fermage se règle en général au niveau du taux le plus élevé de ces profits (du fond de terre).

Weise die Aufmerksamkeit der Geschichtschreiber der Rentenlehre nicht auf sich gezogen hat, lautet¹): „Der Tauschwerth
des Produkts verglichen mit dem Kaufpreis bildet die „Bodenrente", und die Rente eines guten Feldes braucht nicht
höher zu sein als diejenige eines mittelmässigen Feldes; während der „Gewinn vom Boden", der profit foncier, den Tauschwerth des Produkts im Verhältniss zur Grösse der Bodenfläche bedeutet, und desshalb kann der „Gewinn" von einem
Morgen guten Feldes hundert Mal so gross sein als der eines
schlechten." —

Sismondi.
Auch Sismondi's Einsicht in das Wesen der Rente beschränkt sich auf die Aufschlüsse, die Smith darüber zu geben hatte. Die Darstellung Sismondi's ist sogar als weniger selbständig zu bezeichnen wie die von Say und als unrichtiger wie die von Smith. Zunächst allerdings gebraucht er
den Ausdruck „Rente" im Sinne von Smith zur Bezeichnung
des Pachtzinses. Auch fasst er im Unterschiede von Say
die Erträge, die durch Meliorationen erzielt sind, ebenfalls als
Rente auf²). Er entnimmt aber auch gleich Say den Ausführungen von Smith, dass das Eigenthumsrecht die Grundlage des Rentenbezugs ist³). Die Verschiedenheit jedoch, die
zwischen dem Ertrag der ursprünglichen Kräfte des Bodens
und demjenigen der Meliorationen gemacht werden kann, über-
sieht er nicht ganz, so wenig das Smith gethan. Smith
hat, wie wir gesehen haben, im Eingang seiner Darstellung
der Rente die mögliche Meinung widerlegt, dass die Rente
etwa nur eine Verzinsung der vorgenommenen Bodenmeliora-

1) 7 me éd. du traité d'économie politique (1861) p. 100.

2) J. C. L. Simonde, de la richesse commerciale ou principes d'économie
politique (an XI, 1803) I. p. 42: la rétribution moyennant laquelle le propriétaire du sol abandonne ce droit à son fermier, est ce que l'on appelle la rente
des terres, ou le profit net de la culture; c'est donc en partie une compen-
sation pour le droit de propriété sur la terre inculte, et en partie une production du travail accumulé sur elle pour la cultiver.

3) Ebd. I. p. 40: le droit d'appeler à l'ouvrage une ouvrière si utile, est
la même chose que la propriété du sol; la valeur de son travail, première
origine de la valeur des immeubles, appartient à celui qui se trouve saisi de
la surface d'un terrain, et dont le droit est reconnu par ses concitoyens.

tionen sei; er hat dort ausgeführt, dass die Rente, die der Grundeigenthümer bezieht, nicht den von ihm gemachten Verwendungen proportional ist [1]). Daraus hat Sismondi einen erheblichen Theil seiner Rentenlehre entwickelt. Er sagt, dass ein Theil der Rente Kapitalverwendungen verdankt wird, und dass dieser Theil denselben Gesetzen wie alles andere Anlagekapital folge. Der zweite Theil der Rente werde für die Benutzung des Bodens, soweit er Naturgabe ist, bezahlt; dieser Theil beruhe auf einem Monopol, und er hänge daher auch nur von der Stärke der Nachfrage ab, die sich darauf richtet [2]). Wenn nun diese Bemerkungen noch einigermassen haltbar erscheinen konnten, so hat dann Sismondi in der Einzelausführung, wo er sich von Smith etwas mehr entfernt, Irrthümer und Ungenauigkeiten, die auch bei einem unvollkommenen Verständniss der Rentenerscheinung in die Augen springen. Es genügt, beispielsweise anzuführen, dass Sismondi, um den Monopolcharakter des einen Bestandtheils der Rente zu veranschaulichen, sagt, derselbe richte sich in seiner Grösse nicht nach der Fruchtbarkeit des Bodens. Das ist offenbar falsch, während Smith richtig gesagt hatte, die Rente richte sich nicht nach den Statt gehabten Aufwendungen [3]). Auch hat er einen der schon erwähnten Missgriffe von Smith noch übertrieben. Smith bezeichnet allerdings mit Rente Alles, was der Grundeigenthümer bei der Verpach-

---

1) Wealth of nations I. ch. 11, a. a. O. p. 67: the rent of land ... is naturally a monopoly price. It is not at all proportioned to what the landlord may have laid out upon the improvement of the land.

2) A. a. O. I. p. 51: le monopole est la base de la partie de la rente que l'on payerait pour la terre inculte, tandis que l'autre partie qui représente le travail que le propriétaire a accumulé sur son sol, suit la même marche .. que la rente des autres capitaux fixes.

3) Ebd. p. 51: de cette espèce de monopole il résulte que le loyer du travail de la terre n'est pas tant proportionné à sa force productive comme à la recherche qu'on en fait. Das entspricht einer Stelle des Smith, a. a. O., p. 67, wo es aber heisst: the rent .. is not at all proportioned ... to what the landlord can afford to take (d. i. was der Grundherr fertig bringen kann zu nehmen, d. h. womit er sich begnügen kann), but to what the farmer can afford to give. Es macht fast den Eindruck, als habe Sismondi die in der Klammer erklärten Worte nicht richtig aufgefasst.

tung seines Immöbels empfängt, auch wenn von ihm auf den Boden verwendete Kapitalien darin begriffen sind. Sismondi aber geht nun nach dieser letzten Analogie soweit, von Rente zu sprechen, wo ein Verleihen von Anlagekapital Statt findet, auch wenn dasselbe nicht in Grund und Boden besteht und nicht einmal mit dem Boden irgendwie verbunden erscheint. Beispielsweise kennt er eine „Rente" von Wagen und Schiffen [1]). Bedeutungsvoller ist aber noch eine andere Aufstellung Sismondi's, mit der er eine selbständige Consequenz aus der Smith'schen Theorie zieht. Er sagt, dass in dem Theil der Rente, der aus dem Monopol fliesse, wie bei allen Monopolen keine wirkliche nationale Bereicherung liege, sondern nur ein nomineller Werth, dem kein erhöhter Werth der Sache entspreche [2]). Das tritt nun sogar in Widerspruch mit den eignen Erklärungen Sismondi's, der doch zuvor die ursprüngliche Rente des Bodens aus einem produktiven Dienste desselben entstehen lässt. —

Buchanan.   Von den englischen Schriftstellern, die das Smith'sche System zuerst angenommen, erläutert und entwickelt haben, erwähnen Ricardo und Malthus in ihren Erörterungen über die Rente nur allein David Buchanan. Auf diesen Herausgeber und Commentator des Adam Smith jedoch haben die genannten hervorragenden Schriftsteller ziemlich häufig Bezug genommen. Da nun gar Ricardo an einer Stelle [3]) gewisse Anschauungen Buchanan's von der Rente vertheidigt und zu den seinigen macht, so kann das den Anschein er-

---

1) A. a. O., I. p. 43 von Häusern: la valeur de leur logement, la rente du travail employé à le construire; p. 44 von Mühlen, Sägewerken u. dgl.: une fois qu'elles sont construites, leur rente ou leur loyer; p. 45 von Wegen, Canälen einerseits, von Wegen und Schiffen auf der andern Seite: la rente des uns et des autres.

2) Ebd. p. 49 N.: cette partie de la rente foncière est... la seule partie du produit du travail, dont la valeur soit purement nominal, et n'ait rien de réel; c'est en effet le résultat de l'augmentation de prix qu'obtient un vendeur en vertu de son privilège, sans que la chose vendue en vaille réellement davantage. — Berens bespricht das Buch „Richesse commerciale" nicht gesondert.

3) Principles of political economy, ch. 32 (ed. M'Culloch p. 243). — Auch ch. 2 (p. 40 N.) führt er eine Stelle aus Buchanan mit offenbarer Billigung derselben an.

wecken, als sehe er in ihm einen Schriftsteller, der seiner eigenen Theorie in besonders hohem Masse vorgearbeitet habe.
In der That rechnet auch Berens[1]), der gesteht, dass ihm
die Darstellung Buchanan's selbst nicht erreichbar war, diesen Herausgeber des „Reichthums der Nationen" unter die
eigentlichen Vorläufer Ricardo's, während er Smith und,
wie wir wissen, selbst Malthus einen ganz irrigen und ver-
alteten Standpunkt einnehmen lässt. Im Gegensatz dazu haben wir zu constatiren, dass Buchanan, wie eine Durch-
sicht seiner Ausführungen ergibt, um die Rententheorie keine
nennenswerthen Verdienste hat, sich vielmehr darin auf das
Genaueste an Smith anschliesst, dem er nur in einem einzigen, aber untergeordneten Punkte mit Entschiedenheit widerspricht. Freilich ist nun aber Buchanan, wenn er über
Smith nicht hinausgeht, auch andrerseits nicht etwa in einer
wesentlichen Hinsicht hinter ihm zurückgeblieben. Insbesondere von der richtigen Erkenntniss, dass es nicht die Rente
ist, welche den Getreidepreis steigen macht, ist er eben so
gut wie Adam Smith völlig durchdrungen. Er berichtigt
sogar an einer Stelle den Text, den er zu commentiren hat,
weil Smith untersucht, welchen Theil vom Preise eines Produktes die Rente ausmacht und dadurch jenem Missverständ-
niss sich aussetzt, das er, wie wir gesehen haben, beispielsweise bei Hume und bei Buckle in der That hervorgerufen
hat. „Da es der Preis ist", — so bemerkt dazu Buchanan[2]) — „der die Rente bewirkt, und nicht die Rente, welche den Preis bewirkt, so ist es ungenau zu sagen, dass die
Rente einen Theil des Preises ausmacht." Und in einem anderen Zusammenhange sagt er[3]): „Es ist ungenau, die Rente

---

1) Kritische Dogmengeschichte der Grundrente p. 124, 25.

2) Wealth of nations ed. Buchanan, 2ᵈ ed., vol. I., p. 280: as it is the
price which makes the rent, and not the rent which makes the price, it is
not quite correct to say that the rent has any share in the price.

3) vol. I., p. 90 (zu B. I. ch. 6): it is rather inaccurate to call rent a
component part of the price; nor is this inaccuracy merely verbal, since it is
calculated to encourage a very general mistake, namely, that because high rents
are paid for land, high prices will therefore be got for its produce; the very
reverse, however is the case ec. — Desshalb ist bei Roscher, Grundlagen der

einen Bestandtheil des Preises zu nennen, und diese Ungenauig-
keit ist nicht blos eine formale, vielmehr unterstützt sie den
sehr verbreiteten Irrthum, als wenn, weil hohe Renten für
den Boden bezahlt werden, desshalb die Bodenprodukte einen
hohen Preis hätten; in Wahrheit ist das Verhältniss gerade
umgekehrt." Er ist sogar der Meinung, dass der Preis des
Getreides auch nicht durch Lohn und Kapitalgewinn bestimmt
wird. „Der Preis des Getreides, das immer eine Rente übrig
lässt, wird in keiner Weise durch die Kosten der Erzeugung
beeinflusst" [1]), sagt er. Auch das ist ganz im Sinne von Adam
Smith. Wenn das Getreide in allen Fällen mehr werth ist, als
der Lohn und der Zins, die zu seiner Herstellung aufzuwenden
waren, betragen, so ist für seinen Preis keine einzige der gewöhnlich unterschiedenen drei Einkommensarten bestimmend. Dass
die Rente nicht von Einfluss, ist uns geläufig; sie entsteht erst
durch den hohen Preis. Aber sobald man nur in der „Nachfrage"
das Bestimmende sieht, kann auch Gewinn und Lohn steigen
oder abnehmen, ohne dass sich desshalb im Preise etwas zu
ändern braucht; von Smith' Standpunkt aus lässt sich daher
wohl sagen, dass Gewinn und Lohn den Preis des Getreides
nicht bestimmen. Buchanan hat es nur deutlich ausgesprochen, was den grossen verborgenen Mangel der Smith'schen
Rententheorie bildet: dass nämlich die Güter, bei deren Erzeugung Rente entsteht, von dem sonst gültigen Preisgesetz
der Produktionskosten vollkommen frei und unabhängig seien [2]).
Auch Buchanan kann desshalb nur durch die Stärke der

Nationalökonomie §. 152 N. 1, in der Bemerkung, „Buchanan sage, die Grundrente rühre von dem Monopol der Eigenthümer her und der Kornpreis würde
ohne sie niedriger sein," nur die erste Hälfte richtig, die andere zu streichen.

1) vol. IV., p. 37: the price of corn, which always affords a rent, being
in no respect influenced by the expenses of its production, those expences must
be defrayed out of the rent.

2) Es ist das beispielsweise sehr scharf betont in folgender Bemerkung,
die auch dadurch merkwürdig ist, dass sie an einen wesentlichen Satz der modernen Rententheorie anklingt: the corn of improved and fertile districts, the
corn of lands recently brought under tillage at a great expence, the corn brought
from a distance subject to all the charges of conveyance, and the corn produced
in the immediate vicinity of the market, are all sold for the same price.

Nachfrage und die Beschränktheit des Angebots den Preis erklären. Er hat hier die Ausführung von S m i t h noch damit
erweitert, dass er bemerkt, der hohe Preis, der also auch eine
Rente übrig lässt, sei nothwendig, damit der Verbrauch dem
Vorrath sich jeder Zeit anpasse [1]. Das ist doch ein Fortschritt gegen S m i t h, insoferne B u c h a n a n wenigstens den
Versuch macht, für die Bodenprodukte, welche das allgemeine
Preisgesetz durchbrechen, ein neues aufzusuchen; allein es gelingt ihm doch nur eine teleologische Begründung, eine Art
moralischer Rechtfertigung, die genetische Erklärung wird damit nicht verändert: nach wie vor ist es die verhältnissmässige Seltenheit, die den hohen Preis bewirkt und den Besitzern
der Grundstücke ein Einkommen abwirft. So sagt denn auch
B u c h a n a n ausdrücklich, dass der Grundeigenthümer durch
Naturverhältnisse ein Monopol besitze, wie es sonst auch künstlich, etwa durch Staatsgesetz, verliehen werde. „Der Gewinn
aus einem Monopol ruht auf demselben Grunde wie die Bodenrente; es bewirkt künstlich, was bei der Rente durch natürliche Ursachen entsteht; wie der Gewinn beim Monopol, so
ergibt sich die Rente aus der Beschränkung des Vorraths" [2].
Auch darin geht B u c h a n a n um ein Kleines über S m i t h hinaus. Der Letztere hatte die Rente, von der er seinerseits spricht,
also den Pachtzins, nach den Gesetzen eines Monopols sich regeln lassen, insoferne die Grundeigenthümer ihre beschränkte
Bodenfläche der grossen Anzahl Pachtlustiger ablassen. B u -
c h a n a n spricht ebenfalls von einem Monopol, denkt aber dabei
an die Stellung der Grundeigenthümer gegenüber den Consu-

---

1) Vgl. vol. IV., p. 34—37. Hier finden sich u. A. folgende Skizze: where
a commodity is sold at such a price as to leave a surplus after paying all the
necessary expences of its production, it will always be found that this high
price is required to proportion the consumption to the supply .... A certain
price is necessary to proportion the consumption to the supply, and rent is the
consequence of this high price . . . The price which exactly proportions the
consumption of corn to the supply may be called its natural price.

2) vol. I., p. 99 (zu B. I. ch. 6): the profit of a monopoly stands on
precisely the same foundation as rent; a monopoly does artificially, what in
the case of rent is done by natural causes; it stints the supply of the market,
until the price rises above the level of wages and of profit.

menten der Bodenprodukte. „Der hohe Preis, der einen Ueberschuss (surplus) oder eine Rente für den Grundeigenthümer
übrig lässt, scheint aus der verhältnissmässigen Spärlichkeit
zu entstehen, in der Waaren, die eine Rente abwerfen, zur
Herstellung gelangen" [1]. Daraus leitet denn der Schriftsteller
noch weiter ab, dass das Einkommen, welches die Grundeigenthümer als Bodenrente geniessen, den Consumenten entzogen
worden ist, dass daher der Reichthum des Landes ebenso gross
sei bei einer geringen Bodenrente, die den Grundbesitzern zu
Theil wird, als bei einer hohen, die den Getreideconsumenten
viel abfordert und wegnimmt [2].

In einer einzigen Hinsicht hat B u c h a n a n sich über die
S m i t h 'schen Anschauungen erhoben. Aber auch damit hat
er keineswegs der R i c a r d o 'schen Theorie vorgearbeitet, vielmehr ist er gerade da, wo seine Auffassung eine originale war,
Jahrzehnte hindurch ohne Nachfolger geblieben. B u c h a n a n
fasst nämlich die wesentlichen Eigenthümlichkeiten der Rentenerscheinung zusammen und kann sich nicht verhehlen, dass
dieselben auch bei gewissen Einkünften zutreffen, welche nicht
aus dem Boden gezogen werden. Desshalb findet er den Renten-
begriff nicht allein bei den Bezügen des Grundeigenthümers an-
wendbar, sondern überall, wo die Nachfrage nach einem Produkt so stark, das Angebot aber aus irgend einem Grunde so
beschränkt ist, dass der Preis dauernd die Produktionskosten
übersteigt. Die Fälle des Geschäftsgeheimnisses und des ge-
setzlichen Monopols gehören insbesondere hieher. Von beiden
bemerkt B u c h a n a n , dass das Einkommen, welches sie ihrem
Nutzniesser verschaffen, die vollständigste Analogie mit der
Bodenrente darbiete. Hier tritt er mit vollem Bewusstsein in
Gegensatz zu S m i t h und bemüht sich mit der Energie des
Entdeckers einer neuen Wahrheit, die Ansicht desselben zu

---

1) vol. IV., p. 36.
2) Die Bemerkungen B u c h a n a n ' s , die diesen Gedanken ausdrücken,
haben besondere Aufmerksamkeit erregt. Die Stelle, die S a y , Traité d'économie politique (ed. 1861) p. 405 anführt, findet sich im Commentar zu Smith
III., p. 272. Sie kann bei R o s c h e r , Grundlagen §. 153 N. 2, wo auf diese
Auffassung Buchanan's Bezug genommen ist, noch hinzugefügt werden.

widerlegen. Seine Ausführung ist an einer Stelle die folgende:
„Der Gewinn, der aus Fabrikationsgeheimnissen sich ergibt,
ist augenscheinlich sowohl vom Lohn als vom Gewinn verschieden, und obgleich nicht geläufig unter dem Namen Rente, so
ist er doch mit dieser der Sache nach vollkommen identisch.
Die Bodenrente ist der Ueberschuss, den der hohe Preis der
Bodenerzeugnisse noch über die Kosten des Anbaues ergibt.
Der ausserordentliche Gewinn einer geheim gehaltenen Fabrikation ist in gleicher Weise ein Ueberschuss, welchen der hohe
Preis ihres Erzeugnisses noch über Lohn und Gewinn ergibt.
Wo ist also der Unterschied zwischen diesen beiden Quellen
des Einkommens"[1])?   Und von dem Monopolbesitzer sagt er[2]):
„Er steigert nicht, wie Dr. Smith angibt, Lohn und Gewinn
über ihre gewöhnliche Höhe, sondern er bezieht vielmehr einen
Ueberschuss über Lohn und Gewinn." Endlich, wo er seine
Anschauungen über die Rente im Zusammenhang entwickelt,
heisst es[3]):   „Wenn Dr. Smith den ausserordentlichen Gewinn, der aus Fabrikationsgeheimnissen gezogen wird, als die
hohe Bezahlung der persönlichen Arbeit des Fabrikanten auffasst, so verkennt er offenbar das Wesen dieses Gewinns, der
in keiner Hinsicht von der Bodenrente verschieden ist. Er
ist ein Ueberschuss über Lohn und Gewinn, den die Consumenten lieber zu bezahlen sich verstehen, als dass sie die Waare
entbehren. Und worin also unterscheidet er sich von dem Ueberschuss, der für die Bodenerzeugnisse bezahlt wird?" In dieser
Verallgemeinerung des Rentenbegriffs liegt vom Standpunkt einer
umfassenden, bis auf die Gegenwart fortgeführten Geschichte
der Rentenlehre ein Verdienst; auf seine Zeit aber und namentlich auf die nächste Fortbildung der Theorie durch Malthus und Ricardo hat die Betrachtungsweise auch nicht den
mindesten Einfluss geübt. —

Mit einigen Worten sei noch Torrens erwähnt, obgleich   Torrens.
seine Schrift „über den auswärtigen Getreidehandel"[4]) von

---

1) Anmerkung f zu Wealth of nations, B. I. cb. 7, vol. I., p. 97.
2) Anmerkung h ebd., I., p. 99.
3) vol. IV., p. 40.
4) An essay on the external corn-trade, by R. Torrens. Berens erwähnt
das Buch nicht.

Malthus und Ricardo in ihren ersten Erörterungen über die Rente nicht benutzt worden ist. Aber auch umgekehrt hat Torrens in der ersten Auflage seines Buches die Malthus'sche und die Ricardo'sche Theorie noch nicht gekannt, und in den späteren Auflagen behauptet er, ganz unabhängig von jenen Schriftstellern alsbald die richtige Auffassung der Rente vertreten zu haben. In der Vorrede zur dritten Auflage, die vom Februar 1826 datirt, sagt er in dieser Hinsicht: „Bei der ersten Ausgabe des Versuchs über den Getreidehandel, die 1814 geschrieben und im Anfang des folgenden Jahres herausgegeben wurde, ehe der Verfasser mit den sehr bedeutenden und originalen Untersuchungen der Herren Malthus und Ricardo bekannt war, fand sich schon die Angabe, dass der Unterschied zwischen dem Ergebniss des Kapitals auf dem schlechtesten und demjenigen auf dem besten angebauten Boden sich in der Form der Rente darstellt..., hinsichtlich dieses Gesetzes hat der Verfasser nichts Erhebliches zu ändern oder zu verbessern gehabt.“ Wir müssen zugeben, dass Torrens in erheblichem Maasse zur Fortbildung der Rententheorie beigetragen hätte, wenn vor Malthus und Ricardo in einer seiner Schriften die behauptete Aeusserung zur Erklärung der Rente bestimmt wäre. Das ist nun aber doch nicht der Fall. Allerdings finden wir bei Torrens schon 1815 [1]) hinsichtlich

---

1) Die erste Auflage von Torrens ist aus dem Jahre 1815, die zweite nach dem Katalog der Hamburger Commerzbibliothek von 1823, die Vorrede zur dritten ist vom 17. Februar 1826, die zur vierten vom 3. Februar 1827 datirt. — Torrens hat im Zusammenhang mit seiner Erkenntniss der Bedeutung der verschiedenen Bodenqualitäten eine andere grossartige Entdeckung gemacht, die aber auch nicht an seinen Namen, sondern an den des Ricardo geknüpft zu werden pflegt. Er sagt nämlich p. 263: Even long before the lands of superior quality have been brought under the plough, a country, though exempt from all legislative interference with the direction of its industry, may yet be naturally led to import a part of her consumption, rather than to grow an independent supply of corn. To illustrate this: ... If England should have acquired such a degree of skill in manufactures, that, with any given portion of her capital, she could prepare a quantity of cloth, for which the Polish cultivator would give a greater quantity of corn, than she could, with the same portion of capital, raise from her own soil, then tracts of her territory, though they should be equal, nay, even though they should be superior, to the lands in Po-

der Erzeugung und des Preises von Getreide durchweg Auffassungen, welche von den Vorurtheilen, in denen S m i t h hinsichtlich des Gegenstandes befangen war, und die auch bei seinen nächsten Nachfolgern noch nachwirkten, fast vollständig frei und unberührt erscheinen. T o r r e n s unterscheidet verschiedene Qualitäten des Bodens, die je nach der Höhe des Getreidepreises alle oder nur zum Theil in Anbau genommen werden; schon mit der späteren Terminologie spricht er von Boden erster, zweiter und dritter Klasse (p. 256). Auch setzt er gründlich auseinander, dass überall, wo es möglich wird, schlechteren Boden unter den Pflug zu nehmen, die Rente, welche der bessere Boden abwirft, steigen muss. „Wenn das Getreide im Preise steigt, so gibt schlechterer Boden, der vorher die Kosten des Anbaues nicht ersetzte, dem Landwirth den gewöhnlichen Gewinnsatz für sein Kapital. Da nun schlechter Boden den gewöhnlichen Kapitalgewinn abwirft, so muss besserer Boden, unter den Pachtbedingungen, die vor der Preissteigerung festgestellt wurden, mehr als den gewöhnlichen Kapitalgewinn abwerfen. Sobald daher solche Böden auf's Neue verpachtet werden, so muss die Concurrenz der Kapitalbesitzer die Rente des Grundeigenthümers steigern, bis dem Landwirth Nichts bleibt als Lohn und Gewinn von der Arbeit und dem Kapital, die er verwendet, nach dem üblichen Satze derselben [1]." Ja, die richtige Einsicht, die T o r r e n s in die Bildung des Getreidepreises gewonnen hat, geht noch einen Grad weiter. An einer Stelle führt er aus, wie ein grosser Bedarf an Getreide

---

and, will be neglected; and a part of her supply of corn will be imported from that country. For, though the capital employed in cultivating at home, might bring an excess of profit, over the capital employed in cultivating abroad, yet, under the supposition, the capital which should be employed in manufacturing, would obtain a still greater excess of profit; and this greater excess of profit would determine the direction of our industry." Wir haben hier genau die vielbewunderte Auseinandersetzung vor uns, die R i c a r d o im siebenten Kapitel (on foreign trade) der Principles of political economy (W o r k s p. 76, 77) gegeben hat, wo er ebenfalls an concreten Beispielen, an den Ländern England und Portugal und an den Waaren Wein und Tuch, den Sachverhalt erläutert. Vgl. auch J. St. M i l l, Grundsätze der politischen Oekonomie, übers. von Soetbeer (2. A.), p. 424 N. 1.

1) Erste Auflage, p. 219.

in verschiedener Weise den Preis des Erzeugnisses auf schlechtem und auf gutem Boden beeinflusst. Der Preis des Erzeugnisses auf schlechtem Boden sei deshalb hoch, weil viel Kapital und Arbeit anzuwenden sei; der des Erzeugnisses von gutem Boden, weil eine Waare nicht zweierlei Preise haben kann. „Der natürliche Preis des Getreides erfährt in diesem Falle eine bedeutende und eine zunehmende Steigerung, oder mit andern Worten, es erfordert zunehmende Mengen Arbeit und Kapital, um eine gegebene Menge Getreide zu gewinnen. Das gilt ebenso gut von dem besten wie von dem schlechtesten Boden, denn die steigende Rente des ersteren muss verhindern, dass sein Erzeugniss zu niedrigerem Preise verkauft werden kann als das Erzeugniss des letzteren [1])." Hier fehlt nur der einfache Zusatz, dass die Rente des guten Bodens demnach einzig durch den Vorzug desselben vor dem schlechtesten entstehe, um das Wesentliche der Ricardo'schen Lehre zu treffen. Allein Torrens lenkt seine Aufmerksamkeit nicht auf die Feststellung des Gesetzes der Rente. Reich an Ideen, wie er ist, vernachlässigt er, jede einzelne auszuarbeiten und mit Nachdruck auf ihre Wichtigkeit hinzuweisen, und so entgeht ihm das Verdienst einer Entdeckung, der er viel näher war als (natürlich mit Ausnahme Anderson's) alle bisher betrachteten Schriftsteller. Er konnte daher nachträglich wohl glauben, er habe die moderne Rententheorie schon vor Ricardo ausgesprochen; in Wahrheit aber fehlt seinen Sätzen

---

2) p. 224. Vgl. ferner z. B. p. 113: to raise any given quantity of corn on our inferior lands, would require more capital and labour, than to raise it from the land under tillage upon the continent; and, as our better soils would acquire an increased value in proportion to their superiority over the inferior ones which could now be profitably tilled, any given quantity of produce that might be raised from them, would be charged with a higher rent, than the same quantity raised in France ec. Ebenso p. 269 f.: when capital is withdrawn from cultivation, it will of course be from the cultivation of those inferior soils which, with the greatest expense of dressing, yield the least return. Now, as when it became profitable to till those inferior lands, lands of superior quality acquired a greater value, and paid a higher rent than before, so, when inferior lands cease to indemnify the cultivator, the superior will .. yield a lower rent.

der letzte Abschluss. Er sagt wohl, dass bessere Böden um so viel mehr Rente ergeben, als sie die schlechteren an Fruchtbarkeit übertreffen; dass aber die schlechtesten keine Rente geben, und daher die Rente der guten genau jenem Vorzug gleich ist, das hat er nicht gesagt. Er lässt der Meinung immer noch Raum [1]), dass die Rente eines bestimmten Feldes etwa aus zwei Bestandtheilen sich zusammensetze, einerseits aus dem genau berechenbaren Vorzug vor den schlechten Böden, andrerseits aus der Rente, die auch der schlechte Boden erträgt, und die in ihrer Höhe ganz unbestimmt bleibt. Es ist durch diesen Stillstand auf halbem Wege auch geschehen, dass da, wo recht eigentlich die Gesetze des Getreidepreises und seiner Bestandtheile zu entwickeln waren, die Erkenntniss, die Torrens zeigt, eine ganz unvollkommene, geradezu oberflächliche ist. Im dritten Kapitel, das mit der Erörterung der Begriffe Preis, natürlicher Preis und Marktpreis beginnt, heisst es [2]): „Da der Lohn der Arbeit, der Gewinn des Kapitals und die Rente des Bodens die Bestandtheile des natürlichen Preises bilden, so wollen wir kurz die Veränderungen angeben, denen sie unterworfen sind.“ In diesem Zusammenhang nun weiss Torrens von der Rente nicht mehr als das Folgende zu sagen [3]): „Auch in Bezug auf die Bodenrente gibt es in jeder Gegend einen allgemeinen und gewöhnlichen Satz, der wie die anderen Bestandtheile des Preises plötzlichen Veränderungen nur in geringem Maasse ausgesetzt ist.“ Er entwickelt dann, dass Arbeitslohn und Kapitalgewinn die Rente bestimmen, insofern es einen gewissen üblichen Satz des Lohnes und Gewinnes gibt, der von dem Erzeugniss in Abzug kommt, so dass nur der Ueberschuss als

---

1) Ich finde namentlich an folgender Stelle diese irrige Auffassung sogar ausdrücklich gelehrt. Dort heisst es: „wenn die fremde Zufuhr aufhörte und die Preise so hoch stiegen, dass die schlechteren Böden zum Anbau herangezogen würden, so ertrügen diese Böden dem Eigenthümer eine Rente, und die Renten, die bisher schon von den besseren Böden bezahlt wurden, müssten bei Erneuerung der Verträge erheblich steigen.“ Hier wird also als selbstverständlich behandelt, dass auch der schlechteste Boden, der bebaut wird, eine Rente erträgt.

2) Essay on corn-trade, p. 57.

3) ebd. p. 59.

Rente bezogen wird. Ueber diese einfachen Wahrheiten geht
dort seine Theorie nicht hinaus. —

Die Darstellung von Torrens bleibt immerhin sehr bemerkenswerth. Er hat doch jene wirklich entscheidenden Momente mit dem Getreidepreis in Verbindung gebracht, die
früher in der Untersuchung des Gegenstandes keine Erwähnung
gefunden hatten. Es muss überraschen, dass gerade in dem
einen Jahre 1815 Torrens, West, Malthus, Ricardo
plötzlich auf diejenigen Thatsachen aufmerksam werden, die
in Wahrheit auf die Entstehung der Rente den entscheidenden
Einfluss üben, dass gleichzeitig auch Buchanan[1]), freilich
ohne Schlüsse daraus zu ziehen, wenigstens beiläufig an die
verschiedenen Qualitäten des Bodens und die ungleichen Produktionskosten erinnert, — während früher diese Umstände
völlig unbeachtet geblieben waren, und man die Lösung des
Problems in ganz anderer Richtung gesucht hatte. Es müssen
doch wohl allgemeine nationale Verhältnisse gewesen sein, die
in so gleichmässiger Weise den Ideengang dieser ganzen Anzahl englischer Schriftsteller verändert haben. Nun hat in der
That gerade im Jahre 1814 zu gesetzgeberischen Zwecken eine
genaue Untersuchung der Verhältnisse des Ackerbaues in England Statt gefunden. Bekanntlich sanken vom Sommer 1812 bis
gegen Ende 1813 die englischen Getreidepreise in einem ungewöhnlich starken Verhältniss, Weizen beispielsweise von 155
Shilling auf 73[2]). Die Folge davon war, dass die Landwirthe
das Parlament mit Petitionen bestürmten und Abhülfe für ihre
bedrohte Lage forderten. Diese Petitionen wurden an gewählte
Ausschüsse verwiesen, und es sind die Untersuchungen und
Zeugenverhöre, welche von diesen Ausschüssen angestellt wurden, die dem Verständniss der landwirthschaftlichen Angelegenheiten im Volke in hohem Maasse zu Hülfe kamen.
Wenn wir nun einen Bericht eines solchen Parlamentsaus-

---

1) Nur der vierte Band von Buchanan's Smith-Ausgabe, der die selbständigen Abhandlungen des Herausgebers umfasst, hat eine Vorrede. Sie datirt
vom 14. September 1814.

2) Vgl. Tooke und Newmarch, Geschichte und Bestimmung der Preise,
deutsch von Asher, I. 157.

schusses in das Auge fassen, etwa den des Oberhauses, von dem eine zweite Ausgabe unter dem Titel „First and second reports from the committees of the House of Lords appointed to inquire into the state of the growth, commerce and consumption of grain" in einem stattlichen Oktavband 1814 erschienen ist, so finden wir hier ökonomische Betrachtungen angestellt, die uns in der älteren theoretischen Literatur gar nicht begegnen. Besonders in vierfacher Richtung haben sich die Anschauungen erweitert. Zuerst ist von den verschiedenen Bodenqualitäten unaufhörlich die Rede, davon, dass die schlechteren Bodenqualitäten nicht bebaut werden können, wenn das bei den besseren noch möglich ist, dass aber durch das Liegenlassen der schlechteren Böden die Gesammtproduktion des Landes wesentlich beeinträchtigt würde [1]). Die zweite bemerkenswerthe Erkenntniss, die in diesem Parlamentsbericht sowohl

---

1) Vgl. das Verhör von John Benett, p. 87 f.: Would not those prices affect inferior soils much more than the superior quality of land? Certainly, because the expenses are greater on inferior soils. — Would not the consequence of those prices then be, that the farmers in general would withdraw their capital from the cultivation of the inferior soils? Certainly. — Have you formed any notion, what effect that might have in reducing the quantity of grain produce generally? Indeed, I have not; that must depend upon the price of wheat, to what pitch it sinks; the lower wheat sinks, the less will be the expenditure upon the poor lands. — Verhör Birkbeck p. 60: what is the average rent of land in your part of the country? I think it is almost impossible to state, the land is so extremely various. — Verhör Driver, p. 63 : we think highly cultivated land, good land, ought to produce three rents. . but in poorer land, in land of a lower quality, we make perhaps four or five the original rent, because it requires additional expence in cultivation, and of course will not produce so much crop. — p. 64 f.: do you suppose, the farmer will continue to cultivate his land in the same manner . .? Certainly not; particularly upon heavy cold clays and sandy lands, they would not pay for the cultivation, because the clayey lands require a great deal more expence in cultivation, and the produce is less; consequently they will not be encouraged to cultivate them at all, but they will return back to their native state. — Will not the consequence of this be, that capital would be drawn from the cultivation of that species of land? Certainly, and of course the better land would obtain rather a higher rent, the kinder sort of land. — Do you think that, under the circumstances of a free importation of grain, they would obtain a higher rent? Die letzte Frage namentlich ist sehr bemerkenswerth; sie streift ganz nahe die spätere Rententheorie.

in den Fragen wie in den Antworten des Zeugenverhörs entgegentritt, liegt darin, dass die Bedeutung des Betriebskapitals für die Grösse der Getreideproduktion zu ihrem vollen
Recht kommt, dass die Möglichkeit, von derselben Bodenfläche
eine kleinere oder grössere Ernte je nach Bedarf zu erlangen,
eine ganz geläufige Vorstellung ist [1]). Drittens ist auch bereits klar erkannt, dass es der Getreidepreis ist, von dessen
Höhe die Art des Anbaues, die Menge des angewendeten Betriebskapitals und die Grösse der bebauten Fläche abhängen [2]).

---

1) Verhör James Burton, p. 32: must not the farmers' discontinuing to employ
the same number of men produce a great diminution in the future produce? Certainly, particularly upon our strong lands; for if we do not keep the people employed in hoeing, we certainly shall diminish at least one third.. of the quantity
of wheat we usually grow. — p. 33: if the farmer is not able to employ the hands,
the lands will get into bad condition, and will not be able to produce their usual
quantity of grain. — Verhör Birkbeck p. 54 : are you not of opinion that the produce of this country might be much increased by a liberal application of capital generally taking place? Unquestionably, to an incalculable extent. — Vorhör Benett,
p. 85: has the produce generally increased very much during the last twenty
years? The produce has increased from the superior cultivation... I think,
if the whole of the county of Wilts was put under an improved system of
agriculture, and the waste land were broken up, the produce might be increased
to the amount of one fourth. — Verhör Custance p. 133: are you of opinion
that by a liberal application of capital, a greater produce might be required?
Undoubtedly, capital is every thing. — Do you think the country is
capable, with extended improvements and a liberal application of capital, of
producing one third more? Certainly; in short, I think the land will answer
every thing that is done to it.

2) Verhör Lake, p. 151 : to what do you principally attribute that increased exertion? To the encouragement given by the increased price of corn. —
Verhör Benett, p. 88: Do you know whether the present falling prices have in-
duced many farmers to diminish the labour as well as the expenditure of capital upon their farms? It has in my own instance; I offered 3 L. an acre to
some men about four mouths ago, to break up sixty acres of uncultivated land;
the men at that time refused it; they have since offered to do it, but I have
refused them, for I have determined not to break it up; I am now breaking
up ten acres instead of sixty. — Verhör Custance, p. 134: have the present
apprehensions entertained by farmers and the difficulty of letting lands made
any difference in the desire entertained by proprietors to obtain acts to inclose
open fields, parishes and wastes? It will operate so certainly. — Verhör Benett
p. 92: do you suppose that if such arrangements were to take place, much

Endlich kommt viertens im Zusammenhang mit diesen Einsichten und als Consequenz derselben der Gedanke vor, dass bei einem gewissen Getreidepreis das Betriebskapital gerade noch seine Verzinsung finden kann, ohne dass darüber hinaus irgend eine Rente dem Grundeigenthümer zu Theil würde; dieser Fall wird als eine denkbare Möglichkeit in Betracht gezogen [1]). Ich meine, wenn wir diese Anschauungsweise mit der Auffassung von Smith vergleichen, die von seinen ersten Nachfolgern im Grunde nur interpretirt und ohne jeden Hinblick auf das wirkliche Leben blos formal weiter entwickelt worden ist, so erhalten wir den eigentlichen Schlüssel für die Entstehung der modernen Rententheorie.

Auf einen Mann vor Allem, der wie Robert Malthus alle ökonomischen Tagesfragen mit seiner lebhaftesten Aufmerksamkeit begleitete und zugleich durch seinen Beruf als Lehrer der Nationalökonomie veranlasst war, jede neue Erfahrung sofort in eine Verbesserung der überlieferten Theorie umzusetzen, mussten die merkwürdigen Aufschlüsse, welche dem englischen Volk über die Verhältnisse seiner Landwirthschaft gegeben wurden, wie eine gewaltige Erleuchtung einwirken. Er hat in höherem Masse als irgend einer seiner Zeitgenossen von den grossen Denkern des achtzehnten Jahrhunderts die Fähigkeit

(Randnotiz: Malthus.)

---

capital would be withdrawn from agriculture, for the purpose of being used in other occupations? I do; I know that the farmers in general are bringing up their sons to trade instead of to agriculture.

1) Verhör Benett, p. 86: if the farmer was to receive only 75 s. per quarter, would he be capable of paying any rent at all? No, he certainly would not be able to pay his rent. — p. 92: I shall sink the rents, till I conceive the farmers can make ten percent upon their capital. — p. 95: taking wheat at eight shilling a bushel, and taking all agricultural expenses to stand as they now do, I conceive the farmer with an average crop cannot pay any rent at all. — Verhör Lake, p. 158, 59: would there remain any rent for the landlord? .. it appears to me, there would be a trifle remaining for rent. — Verhör Driver, p. 65: do you believe, that, if the cold inferior lands of which you have spoken, were subject to a competition from a free importation of grain, the farmers could continue to cultivate them upon the present system, even if they paid no rent to the landlord? Certainly not; it would be scarcely worth his while to cultivate them at all; according to the principle I have laid down ... it would not produce more than 50 s. and the labour would cost full 50 s.

crerbt, in den unscheinbaren Thatsachen, welche die Erfahrung
der Vergangenheit und Gegenwart darzubieten hat, hohe Wahrheiten von der allgemeinsten Geltung zu entdecken. So trat
er denn Anfangs des Jahres 1815 mit einer kleinen Schrift
an die Oeffentlichkeit, die eine vollkommen fertige und abge-
schlossene neue Theorie der Bodenrente und der Gesetze des
Getreidepreises im Gegensatz zu den Ansichten der angesehen-
sten nationalökonomischen Schriftsteller enthielt. Die Schrift
hiess: „Untersuchung über das Wesen und die Entwickelung
der Rente und über die Gesetze, von denen dieselbe beherrscht
wird" [1]). Wie Malthus in der Vorrede sagt, hat er den Inhalt dieser Schrift aus den Aufzeichnungen geschöpft, die er
für seine berufsmässigen Vorlesungen niedergeschrieben. Nur
der Umstand, dass die öffentliche Meinung sich soviel mit den
praktischen Fragen beschäftigte, für deren Entscheidung eine
richtige Rententheorie den sicheren Massstab abgibt, bestimmte
ihn, in so ungewöhnlicher Weise eine rein wissenschaftliche
Erörterung in der Form einer Tagesbroschüre zu veröffentlichen.
    Malthus beginnt seine Darstellung, indem er die gesi-
cherten Ergebnisse, die schon Adam Smith erlangt hatte, an
die Spitze stellt, dann aber auch sogleich auf den Punkt aufmerksam macht, von welchem aus allein eine Weiterentwicke-
lung der Theorie möglich war. In der Definition der Rente

---

1) An inquiry into the nature and progress of rent and the principles by
which it is regulated, by the Rev. T. R. Malthus, professor of history and
political economy in the East-India College Hertfordshire; London 1815, 61 pp. —
Diese Schrift ist allerdings fast vollständig in Malthus, principles of political
economy (1820) übergegangen; sogar mit den Druckfehlern (das Citat p. 139
der Principles muss p. 272 heissen). Das Beste, was in den acht ersten Sektionen des dritten Kapitels der Principles (p. 134—216) gesagt ist, stammt aus
dem Inquiry. Trotzdem geben die Principles für sich allein kein richtiges Bild
von den Verdiensten des Malthus um die Rentenlehre. Denn vor Allem sind
sie jünger als die wichtigsten Schriften Ricardo's über den Gegenstand. Dann
ist die eingemischte Polemik gegen Ricardo, wenn dieselbe auch nur Neben-
punkte betrifft, störend und irreführend. Endlich ist die Zertheilung des Inhalts
des Inquiry in die acht Sektionen der Principles nachträglich vorgenommen und
verdunkelt oft den ursprünglichen Gedankengang des Verfassers. Diese Zertheilung hat dann wieder zu Ueberschriften veranlasst, die dem Inhalt, dem sie vor-
angesetzt sind, nur unvollkommen entsprechen.

freilich ist er schärfer als Smith, er hat die fruchtbaren
Unterscheidungen, die Say hervorgehoben hatte, ebenfalls sich
zu eigen gemacht. Der Ausdruck Rente ist ihm daher nicht
wie dem Adam Smith gleichbedeutend mit Pachtzins; er geht
im Gegentheil davon aus, dass der Grundeigenthümer bei der
Selbstbewirthschaftung eine Bodenrente beziehen kann, und dass
erst in Folge dieses Verhältnisses auch ein Pächter, wenn ihm
das Feld zur Benutzung überlassen wird, denselben Betrag an
den Eigenthümer abgeben muss. Durch diese prinzipielle Betonung des Falles der Selbstbewirthschaftung entsteht nun noch
nach einer andern Seite hin eine zweckmässigere Auffassung
des Rentenbegriffs. Die Rente umfasst nämlich nach dieser
Definition auch nicht, wie bei Adam Smith, Alles, was bei
Gelegenheit der Verpachtung der Eigenthümer empfängt. Vielmehr geht Malthus, ohne dass er versuchte zu trennen, was
von lange her im Boden das Ergebniss der Kapitalverwendung
oder was Naturkraft ist, davon aus, dass der Bewirthschaf-
tende das Kapital, das er auf die Erlangung der Ernte verwendet, ersetzt und nach dem üblichen Gewinnstsatz verzinst
erhalten muss. Was vom Werth der Ernte dann noch übrig
bleibt, bildet die Rente. Malthus hebt nun alsbald hervor,
dass demgemäss die Umstände, welche dem Bodenprodukt
einen hohen Preis geben, es mit andern Worten auch sind,
welche die Rente entstehen lassen. Malthus erklärt es daher als die erste Aufgabe, die Gründe des hohen Preises der
Bodenprodukte aufzusuchen [1]. Schon durch diese Absicht, die
er ausspricht, durch diese Art der Fragestellung übertrifft er
die Vorgänger und bahnt sich den sichern Weg, der ihn zur
vollen Erkenntniss führt.

Soweit geht die Einleitung in der kleinen, aber so inhalt-
reichen Schrift, und es kommt nun eben überhaupt für das
rechte Verständniss der Malthus'schen „Untersuchung" we-

---

1) Die betreffende Stelle des Inquiry (p. 2) erscheint in den Principles
p. 184 verändert; dort wird die Rente als „Wirkung" des Preisüberschusses
über die Kosten bezeichnet, hier als gleichbedeutend mit diesem Preisüberschuss.
In dieser vorsichtigeren Ausdrucksweise ist dem Angriff Ricardo's (Principles
of pol. ec. ch. 32, Works p. 245) Rechnung getragen.

sentlich darauf an, dass wir die einzelnen Punkte, mit denen
der Verfasser der Reihe nach sich beschäftigt, scharf auseinander halten. Das ist um so wichtiger, weil in der ganzen Abhandlung ohne alle äusserlichen Eintheilungen und Abschnitte die Darstellung ununterbrochen dahinfliesst, und weil
der so überaus fruchtbare und beziehungsreiche Stoff den Schriftsteller zu verschiedenen Einschaltungen und Abschweifungen veranlasst. Wir erkennen dennoch den Plan des Ganzen bestimmt,
weil M a l t h u s scharf genug denkt, auf die erledigten Fragen
nicht in einem späteren Theile zurückzukommen, und weil er
auch zuweilen durch kurze Uebergänge den Beginn eines neuen
Thema's kennzeichnet. Es ist nun hervorzuheben, dass der
nächste Abschnitt, der nach der Einleitung folgt, und ein
verhältnissmässig sehr umfangreicher, sich damit beschäftigt,
die früheren Auffassungen von der Rente zu widerlegen [1]).
M a l t h u s zeigt sich durch dieses Vorgehen nicht etwa blos
als Litteraturkenner, sondern namentlich auch in seiner Eigenschaft als Entdecker. Indem er darauf ausging, ganz neue
Ansichten vorzutragen, musste er durch den Nachweis, dass
die unter den besten Schriftstellern verbreitete Anschauung
eine irrthümliche sei, sich selber Aufmerksamkeit und Zutrauen
erwerben. Die Meinung aber, die er als eine unrichtige zurückweist, ist die, dass die Bodenrente als das Ergebniss eines
Monopols aufzufassen sei. Als ein Monopol hatte ja S m i t h
die Stellung des Grundeigenthümers zum Pächter bezeichnet,
und die Nachfolger hatten dieselbe Auffassung auf die Beziehungen zum Consumenten übertragen. Wenn sie überhaupt
eine Erklärung für den hohen Preis der Bodenprodukte fanden,
so war es der, dass die Erde für ihre Besitzer ein Monopol
darstelle. M a l t h u s will das als unrichtig nachweisen, und
es ist nun bemerkenswerth, dass die richtige Rententheorie
entstanden ist, nicht etwa als Widerlegung einer Ansicht, welche

---

1) Dieser Theil geht bis S. 17, den Absatz eingeschlossen, mit welchem
auch in den M a l t h u s 'schen Principles die erste Sektion schliesst. Da nun
aber der Abschnitt ganz ausschliesslich einen polemischen Charakter an sich
trägt, da er im Wesentlichen zeigt, was die Rente n i c h t ist, so hätte in den
Principles die Ueberschrift nicht heissen sollen: Nature and causes of rent.

die Bodenrente in höherem Masse als ein wünschenswerthes
Einkommen, als eine Bereicherung der Nation ansah, sondern
im Gegentheil als Widerlegung einer Ansicht, welche die Rente
in besonders enge Abhängigkeit von gesellschaftlichen Einrichtungen brachte. Man kann also die moderne Rententheorie
auch nicht damit charakterisiren, dass man sagt, sie fasse die
Rente als das Ergebniss der Vertheilung, denn diese Angabe
lässt sich von den vorher von uns betrachteten Theorieen noch
mit grösserer Berechtigung machen. Um von Sismondi und
Buchanan und ihren schroffen Aeusserungen zu schweigen, —
auch Smith und Say setzen stillschweigend oder ausdrücklich das gesonderte Eigenthum als Bedingung der Rente voraus, ja sie sehen auch in dem verhältnissmässig zu geringen
Gesammtertrag des Bodens, nicht etwa in dem hohen Ertrag,
die Ursache der Rente. Die Eigenthümlichkeit der modernen
Theorie besteht darin, dass sie diesen Gedanken der Schriftsteller eingeschränkt hat, und wie er in einer doppelten Richtung ausgebildet war, so ist auch die Einschränkung eine dop-
pelte. Einerseits wird in Abrede gestellt, dass die Rente ein
Ausfluss des Eigenthumsrechtes ist, andrerseits wird gezeigt,
dass es nicht die Verminderung des Bodens oder seines Er-
trages ist, was die Rente steigen macht. Für die moderne Auffassung ist die Rente nicht erklärt mit dem Wort Monopol. Die
Widerlegung, die Malthus der früheren Ansicht entgegengestellt
hat, musste ihm daher auch vollständig gelingen, und gerade
durch diesen Versuch zeigt er sich als gründlicher Neuerer. Der
Nachweis wäre leichter zu führen gewesen, als es von Seiten
des Malthus geschieht; aber voll Achtung für die Autoritä-
ten, denen er widersprach, hat er sich seine Aufgabe möglichst
umfassend gestellt. Somit ist das erste Thema, das ihn beschäftigt, nicht blos der Nachweis, dass der Grundeigenthümer
kein Monopolbesitzer ist, sondern auch wodurch und warum
er sich von einem solchen unterscheidet.

Der Monopolbesitzer erhält meist einen um so höheren
Preis für ein bestimmtes Quantum seines Produktes, je geringer
der Gesammtvorrath ist; wächst der Gesammtvorrath, so muss
dafür der Absatz in einem weiteren Kreise der Consumenten

gesucht werden, und aus diesem weiteren Kreis treten nur dann Abnehmer auf, wird nur dann eine Nachfrage ausgeübt, wenn der Preis niedrig genug gestellt wird. So sagte ja auch Smith, um die Gleichgültigkeit eines vermehrten Edelmetallvorraths zu veranschaulichen: „Steigere die Seltenheit des Goldes zu einem gewissen Grad, und das kleinste Stück davon kann kostbarer werden als ein Diamant und für eine grössere Menge anderer Güter vertauschbar sein ¹)." Malthus behauptet nun, dass die Stellung des Producenten von Bodenfrüchten wegen der Eigenthümlichkeit seiner Waare einerseits eine gesichertere sei, andererseits in bestimmter Richtung eine bedingtere als die jedes andern Monopolbesitzers. Malthus drückt diese Auffassung so aus, dass er sagt, die Rente hänge von drei Umständen ab. Der eine Umstand gibt allerdings dem Grundeigenthümer eine Art Monopol; der zweite knüpft den Bezug der Rente an eine Bedingung, die sonst bei Monopolen nicht vorkommt; der dritte befreit umgekehrt den Grundeigenthümer von einer Ungewissheit, die dem Gewinne des Monopolbesitzers einen prekären Charakter gibt. Malthus selbst zählt diese drei Voraussetzungen der Rente in nachstehender Reihenfolge auf. Erstens die Eigenschaft des Bodens, mehr Nahrungsmittel zu erzeugen, als der Arbeiter während der Bebauung verbraucht. Zweitens die Eigenthümlichkeit der Bodenprodukte, sich ihre eigne Nachfrage zu erzeugen, mit andern Worten die Möglichkeit, jede beliebige Quantität Bodenprodukte abzusetzen. Endlich drittens die verhältnissmässige Seltenheit des fruchtbarsten Bodens ²).

Untersuchen wir näher, ob wirklich diese drei Verhältnisse, die Malthus unterscheidet, auf die Rente Einfluss üben, so tritt in der That durch die Aufzählung der umfas-

1) Wealth of nations, b. I. 11, part 2, a. a. O., p. 79.

2) Inquiry, p. 8 finden sich diese Bedingungen; sie sind wiederholt Principles p. 139, 40, aber mit zwei abschwächenden Veränderungen. Nummer 2 hat den Zusatz bekommen: when preperly distributed. Nummer 3 hiess scharf und charakteristisch: the comparative scarcity of the most fertile land; daraus wird dann, wieder mehr an ältere Schriftsteller anklingend und das wichtige Differenzverhältniss vernachlässigend: the comparative scarcity of fertile land, either natural or artificial.

sende Blick des Schriftstellers in das günstigste Licht. Uns
Heutigen ist es geläufig, nur die Verschiedenheit der Bodenqualitäten als die Ursache der Rente zu erklären; praktisch
genommen genügt auch diese Bedingung, weil, wenn sie verwirklicht ist, auch die andern Voraussetzungen der Rente nicht
fehlen können. Allein, einmal darauf aufmerksam gemacht,
wird man nicht anstehen dürfen, auch von den beiden andern
Momenten, auf die Malthus hinweist, zuzugeben, dass dieselben für den Rentenbezug von massgebender Wichtigkeit
sind. Es ist ohne Zweifel richtig, dass beim Getreide der
Preis nicht mehr betragen würde als den Lohn der Feldarbeiter, lieferte die Ernte nur gerade soviel, als zum Unterhalt dieser Arbeiter nöthig ist, — dass also gerade die allerbeschränkteste Ernte keine Rente brächte. Die Rente ist ein
Theil jenes Ueberschusses, den die Arbeit über ihre eigene
Belohnung hinaus erzeugt; ohne diesen Ueberschuss gäbe es
keine Rente. Sehr schön sagt Malthus, seinen Gedanken
weiter ausführend: „Die Bodenrente ist ein Theil jenes überschüssigen Erzeugnisses der Erde, das man mit Recht als
die Quelle aller Macht und alles Genusses bezeichnet hat,
ohne welches in der That weder Städte wären, noch Landund Seemacht, keine Künste und keine Gelehrsamkeit, keine
feinere Industrie, keine aus der Fremde herbeigeschafften Annehmlichkeiten und Luxusgegenstände, und nicht jenes civilisirte und gebildete gesellige Leben, das nicht blos Einzelne
erhebt und veredelt, sondern seinen heilsamen Einfluss auf
die gesammte Masse der Bevölkerung ausdehnt [1]."
Auch die Bedeutung des Umstandes, dass die Bodenprodukte immer gesucht sind, ist nicht zu unterschätzen. Es
entspricht ja jenen Theorieen, die ganz besonders an den Namen Malthus geknüpft sind, dass grössere Vorräthe von
Nahrungsmitteln eine grössere Volksmenge erzeugen. Die Rente
würde dagegen zu einem höchst unsicheren Einkommen, wenn
es denkbar wäre, dass die Menschen vom Verbrauch der Bodenfrüchte sich emancipirten; und dass nun diese Möglichkeit

---

[1] Inquiry, p. 16, 17; wörtlich ebenso Principles p. 149, 50.

nicht vorhanden ist, gibt der Rente ihren stetigen Charakter,
die Gesetzmässigkeit, die in ihrer Entwickelung zu beobachten
ist. Malthus hätte seinen Gedanken auch noch weiter aus-
bilden können. Die Nachfrage nach Getreide, die immer besteht, bedeutet mit andern Worten ein Angebot von Arbeit.
Diese vermehrte Arbeit kann naturgemäss eine neue Produktion von Getreide bewirken. So hat denn das Getreide die
Eigenthümlichkeit, dass, sobald der Ackerbau anfängt, bedeutende Ueberschüsse über die Unterhaltungskosten der Arbeiter
abzuwerfen, naturgemäss eine fortschreitende Erweiterung des
Anbaues geschieht, so lange keine störenden Verhältnisse entgegentreten. Eine solche ausgeprägte Besonderheit, die bei
den Nahrungsmitteln besteht, kann nicht verfehlen, auch auf
die Rente ihren Einfluss zu üben. Mindestens können die
andern Momente, von welchen diese abhängt, namentlich die
verschiedene Qualität der Böden, nur dadurch ihre Wirkung
thun, dass diese allmähliche Ausdehnung des Anbaues eine
naturgemässe Erscheinung ist.

Wenn wir nun einräumen müssen, dass die von Malthus
angeführten, sonst häufig übersehenen Momente in der That
für die Rente bedeutungsvoll sind, so bleibt immer noch die
Frage, ob sie auch einen Unterschied von gewöhnlichen Monopolen darstellen, also ob nicht der Bezug eines gewöhnlichen
Monopolgewinnes auch von den nämlichen Voraussetzungen
bedingt ist. Malthus selbst gibt zu, dass die verhältnissmässige Seltenheit der fruchtbarsten Böden, welche nach ihm
die dritte Voraussetzung der Rente bildet, dieser eine Aehn-
lichkeit verleiht mit dem Einkommen eines Monopolbesitzers.
Er sagt desshalb sogar, der Bezug der Rente sei das Ergeb-
nis eines „theilweisen Monopols" [1]. Nur in den beiden andern
Umständen, von denen er die Rente bedingt sein lässt, sieht
er den Unterschied derselben von einem Monopoleinkommen.
Nun gibt es allerdings Monopole, welche von jenen ersten
Voraussetzungen der Rente nicht abhängen. Nehmen wir das

---

1) On this account, perhaps, the term partial monopoly might be fairly
applicable; Inquiry p. 8. — Principles p. 138 ebenso, nur mit dem nicht recht
passenden Zusatz am Schluss: to it.

Schulbeispiel einer belagerten Stadt, das seit den Tagen Nckker's und Galiaui's in den Erörterungen über den Getreidepreis eine Rolle spielt, so wird in einer solchen unbedingt der Preis des einzelnen Brodes um so höher, je stärker sich der Gesammtvorrath verringert. Vom Getreide dagegen hat Malthus gezeigt, dass eine Verringerung des Erzeugnisses denkbar ist, nämlich die Verringerung auf den Lohn der Feldarbeiter, wobei der Preis ein so niedriger wird, dass er überhaupt keine Rente übrig lässt. Allein versuchen wir die Vergleichung mit andern Fällen eines Monopols. Der Erfinder eines Verfahrens, etwa künstlichen Indigo herzustellen, wird keinen Gewinn beziehen, so lange die Ausbeute noch eine geringe ist, so lange der Erlös nicht über den für Arbeitslöhne zu machenden Aufwand hinausgeht. Verbessert sich das Verfahren, wird die Gewinnung eine reichlichere, so ergibt sich eben auch ganz wie beim Getreide mit der Vermehrung des Produktes zuerst ein Einkommen für den Erfinder, den Monopolisten. Wir sehen also, dass auch bei manchen Monopolen eine gewisse Reichlichkeit in der Hervorbringung den Bezug eines Gewinnes bedingen kann. So liegt denn in diesem einen Umstand kein die Rente von dem Monopoleinkommen trennendes Merkmal. Gleichzeitig aber tritt hervor, dass auch die Monopole nicht alle von den gleichen Regeln beherrscht werden. Wenn Malthus darauf aufmerksam geworden wäre, so würde im Wesentlichen auch dieses Ergebniss für das, was er nachweisen wollte, genügt haben. Er will ja nur den Schriftstellern entgegentreten, welche die Rente zu erklären meinen, indem sie dieselbe als Wirkung eines Monopols hinstellen. Sind nun aber die Wirkungen der Monopole je nach der Besonderheit des Falles wesentlich ungleiche, so ist damit allein schon Raum geschafft für eine veränderte, bessere Erklärung der Rente.

Es bleibt in Bezug auf die andere Voraussetzung zu untersuchen, ob sie dem Rentenbezug eigenthümlich ist. Malthus meint, dass auch abgesehen von dem extremen, singulären Fall, wo gerade bei dem geringsten Ertrag die Rente vollständig fehlt, bei dem Getreide die Eigenthümlichkeit bestehe, dass eine Vermehrung der Produktion keine Vermin-

derung des Preises bewirkt. Fragen wir, wie es sich damit
bei Monopolen verhält. Wenn ein Einzelner eine Waare billig
herzustellen vermag, die von allen Anderen nur mit höheren
Kosten erzeugt werden kann, so braucht er sein Erzeugniss
nicht billiger zu verkaufen, wie alle Andern es liefern
können. Ist die Nachfrage nach dem Produkt gross, so erzeugt er eine bedeutende Menge, ist sie gering, so schränkt
er seine Produktion ein; aber den Preis kann er in dem einen
wie in dem andern Falle festhalten. Es ist allerdings denkbar, dass ein solcher Producent, der bevorzugt ist hinsichtlich
der Bedingungen der Produktion, der Versuchung nachgibt,
von dem Preise, auf den er halten könnte, etwas nachzulassen,
um seinen Absatz dadurch auszudehnen. Das würde aber bewirken, dass alle andern Producenten der betreffenden Waare
dieselbe gar nicht mehr regelmässig herzustellen vermöchten,
setzt also voraus, dass der Begehr, der nach der betreffenden
Waare besteht, ein äusserst beschränkter ist. Wir werden
desshalb diese Ausnahme von der Regel, dass in dem angeführten Beispiel eines Monopols die vermehrte Produktion den
Preis nicht vermindert, als eine äusserst singuläre und sel-
tene bezeichnen dürfen. Malthus könnte daher einen durch-
greifenden Unterschied zwischen der Getreideproduktion und
einem Falle, wie wir ihn hier ausgeführt haben, nur dann
statuiren, wenn er behaupten wollte, dass das Getreide niemals
dauernd im Preise erniedrigt zu werden braucht, um dadurch
seinen Absatz auszudehnen. Vor einer solchen Behauptung
würde Malthus selbst wohl nicht zurückgeschreckt sein, aber
wir müssen sie doch als eine gewagte erklären. Wir kommen
daher auch hier zu dem Ergebniss, dass die Getreideproduktion von vielen monopolisirten Produktionen sich sehr wesentlich unterscheidet, mit andern aber doch auch eine grosse
Analogie zeigt.

Der erste Nachweis, den Malthus führen will, besteht
darin, dass der Grundeigenthümer kein eigentliches Monopol
besitze. Diese Fassung ist darum bedenklich, weil mit dem
Ausdruck Monopol eine grosse Anzahl verschiedenartiger Fälle
in unscharfer Weise bezeichnet zu werden pflegen. Malthus

selbst denkt sich als Wesen des Monopols, dass monopolisirte
Gegenstände bei grossem Vorrath zu niedrigem, bei geringem
Vorrath zu hohem Preise verkauft werden. Er will im Grunde
nur nachweisen, dass in diesem Sinne das Getreide nicht zu
den monopolisirten Gütern gehört. Das hat er nun vollständig erreicht. Er hat in den mannigfachsten Formen gezeigt,
dass gerade bei der vermehrten Getreideproduktion der Preis
hoch ist, einen Ueberschuss über das aufgewendete Kapital
und seine Verzinsung ergibt. Dabei hat er, da er ja erst den
Boden für seine eigenthümlichsten Aufstellungen sich ebnen
wollte, noch nicht einmal die moderne Erklärung der Rente
als Beweismittel gebraucht, während es doch gerade nach
dieser Erklärung keines Wortes darüber bedarf, dass die
höchste Bodenrente mit der grössten Getreidegewinnung un-
trennbar verknüpft ist.

Nach der Widerlegung der Vorgänger wendet sich Malthus dazu, die Entstehung der Rente zu erklären. Seine Auseinandersetzung wird mit. dem Beginne der eigentlich dogma-
tischen Theile so lichtvoll und überzeugend, dass ihr kaum
ein Wort beizufügen ist: „In den frühesten Perioden des geselligen Zusammenlebens", so führt er aus [1]), „oder vielleicht
in noch bemerkenswertherer Weise, wenn die Bildung und das
Kapital eines alten Gemeinweseus auf frisches, fruchtbares Land
übertragen werden, so zeigt sich das überschüssige Erzeugniss, dieses gnädige Geschenk der Vorsehung, hauptsächlich
in ungewöhnlich hohem Kapitalgewinn und ungewöhnlich hohem Arbeitslohn, tritt dagegen nur in geringem Umfange in
der Form der Rente hervor. So lange fruchtbarer Boden im

---

1) Inquiry, p. 17, 18. Ganz ebenso Principles, p. 150, 51, nur sind
in dem ersten Absatz, da eine neue Sektion beginnt, einige Ausdrücke, welche
die Verbindung mit dem Vorhergehenden herstellten, geändert. Der zweite Abschnitt geht in dem Inquiry bis S. 21, wo der Schriftsteller mit ausdrücklichen
Worten die bisherige Betrachtung abschliesst. In den Principles ist der Abschluss derselbe; aber einmal ist durch die Ueberschrift der betreffenden Sektion der Inhalt des Abschnitts, der kein anderer ist als das „erste Auftreten
der Rente" in keiner charakteristischen Weise bezeichnet, ausserdem aber haben
viele Einschiebungen Statt gefunden, hauptsächlich wohl, um den äusseren Umfang dem der übrigen Sektionen gleichmässiger zu gestalten.

Ueberfluss vorhanden und für Jeden zu haben ist, der Verlangen darnach trägt, wird natürlich Niemand einem Grundeigenthümer eine Rente bezahlen. Aber es verträgt sich nicht mit den Naturgesetzen und der Begränztheit sowie der Beschaffenheit des Bodens, dass dieser Zustand der Dinge ein dauernder sein könnte. Verschiedenheiten des Bodens und der Lage müssen naturgemäss in allen Ländern bestehen. Jeder Boden kann nicht der fruchtbarste, jede Lage kann nicht die nächste bei schiffbaren Flüssen und bei Marktorten sein. Nun muss aber die Anhäufung von Kapital bis zu einem Betrag, der nicht mehr ganz auf demjenigen Boden sich verwenden lässt, der die grösste natürliche Fruchtbarkeit und die vortheilhafteste Lage hat, nothwendiger Weise den Kapitalgewinn vermindern, während jene Tendenz, wonach die Volkszahl über die Unterhaltsmittel hinaus wächst, nach einiger Zeit den Lohn der Arbeit vermindert. So sinken die Kosten der Produktion, während die Tauschkraft des Erzeugnisses... statt sich zu vermindern, noch steigt. Es wird eine steigende Anzahl Menschen vorhanden sein, die Nahrung suchen und auf jede Weise, in der sie sich nützlich machen können, ihre Dienste darzubieten bereit sind. So übersteigt der Tauschwerth der Nahrungsmittel die Produktionskosten (unter welch letzteren auch der volle Gewinn des landwirthschaftlichen Kapitals nach dem zur Zeit geltenden Gewinnsatze einzubegreifen ist). Der Ueberschuss bildet die Rente."

Man kann das erste Auftreten der Bodenrente nicht richtiger schildern, jede andere Darstellung wäre mindestens schief und unnatürlich. Die Rente entsteht mit dem Fallen des Kapitalgewinnes. Der Kapitalgewinn aber muss fallen, wenn Kapital aufgehäuft ist, das nicht mehr in der früheren einträglichsten Weise, nämlich nicht mehr auf den fruchtbarsten Feldern, verwendet werden kann. Der Preis des Getreides vermindert sich dann nicht, denn der Vorrath wird durch die veränderte Lage nicht grösser und die Nachfrage nicht geringer. Es ist auch nicht abzusehen, wie in dem Arbeitslohn eine Erhöhung eintreten könnte. So muss eine dritte Einkommensart sich bilden: die Rente. Es muss besonders betont

werden, wie nach Malthus' durchaus richtiger Schilderung
die Entstehung der Rente nicht davon abhängt, dass wirklich
schlechterer Boden in Anbau genommen ist; die Rente ist vorhanden, noch bevor das geschieht. Ohne dass in den Anbau-
verhältnissen des Landes sich irgend etwas verändert, ist eine
Rente vorhanden, sobald auf dem bebauten Boden nicht mehr
der ganze Ueberschuss über die Vorlagen als Kapitalgewinn
angesehen werden kann, weil der übliche Procentsatz des Kapitalgewinns gesunken ist. Wir können in unserer Behauptung
sogar noch weiter gehen. Es ist selbst denkbar, dass eine Ausdehnung des Anbaues auf unfruchtbareren Boden nicht blos bisher unterblieben, sondern auch für lange Zeit unmöglich ist,
und dass doch auf dem alten Boden eine Rente sich bildet.
Wäre nämlich in einem gegebenen Falle kein Bedürfniss nach
Vermehrung der Getreideproduktion vorhanden, so würde, auch
wenn noch soviel Kapital angehäuft ist, kein vermehrter Anbau erfolgen. Das angehäufte Kapital, das eben nicht auf
fruchtbarem und nun auch nicht auf unfruchtbarem Boden
Verwendung fände, würde in einem solchen Fall aus doppel-
tem Grund einen geschmälerten Gewinnsatz abwerfen. Das
Kapital würde etwa in der Industrie beschäftigt werden, aber
mit einem geringeren Ertrag sich begnügen müssen, da ja in
der Landwirthschaft der frühere Ertrag für die ganze gesteigerte Kapitalmenge nicht zu erzielen ist. Unter dieser Annahme würde von dem Ertrag des alten landwirthschaftlichen
Kapitals ein Theil nicht länger Gewinn, sondern Rente sein, trotz
der fehlenden Möglichkeit, neuen Boden dem Anbau zu unter-
werfen. Dass die Darstellungsweise des Malthus auch solche
besondere Fälle deckt, zeigt ihre ganze Vortrefflichkeit; der
Schriftsteller hat in der That den entscheidenden Punkt ge-
troffen, auf welchen die Entstehung der Rente zurückzuführen
ist. Malthus legt selbst noch weiter dar, dass die Rente in
ihrer Eigenthümlichkeit vorhanden sein kann, auch ohne dass
sie einem Andern zufällt, als demjenigen, der vorher den ganzen
Ueberschuss, der nach Abzug der Vorlagen bleibt, als Kapitalgewinn bezogen hat. Ohne den bevorzugten Boden, den er
besitzt, würde der Betreffende jetzt mit seinem Kapital nur

einen niedrigeren Zinsfuss erzielen; dass er den alten Procentsatz fortbezieht, ist das Verdienst des Bodens, und der Unterschied ist daher Rente. „Wenn der allgemeine Satz des Kapitalgewinnes", sagt Malthus [1]), „zwanzig Procent beträgt,
und einzelne Stücke Land werfen von dem angewendeten Kapital dreissig Procent ab, so sind zehn Procent von den dreissig
offenbar Rente, wem sie auch zufallen mögen."

Noch mit viel grösserem Recht als auf Grund seiner früheren Betrachtungen kann Malthus, nachdem er die Entstehung der Rente in so treffender Weise dargelegt hat, jenen Satz wiederholen, der ihm ganz besonders am Herzen liegt,
dass die Rente nicht jene willkürliche, zufällige, verkehrte Erscheinung ist, wie man sie sich unter einem Monopol oder Pri-
vileg vorzustellen pflegt. Die Rente bildet sich, wie Malthus
sagt, kraft der Naturgesetze, die in diesem Falle ebenso un-
widerstehlich wirken, wie wenn sie sich etwa als Schwerkraft
äussern [2]). „Die Rente", fügt er hinzu, „ist demnach auch
nicht ein Vortheil, der einer bestimmten Gesellschaftsklasse
künstlich eingeräumt ist, sondern sie ist mit der eigenthümlichen Beschaffenheit des Bodens verknüpft und gehört dem,
der sie von dort zu nehmen vermag" [3]).

War dieser Theil der Abhandlung dem ersten Hervortreten
der Rente gewidmet, so verfolgt der nächste die weitere Entwickelung derselben. Malthus leitet selbst den neuen Abschnitt durch einen Uebergang ein, worin er sagt, dass er jetzt
die Gesetze der Rente, die Umstände, von denen ihr Steigen
und Fallen abhängt, untersuchen wolle [4]).

---

1) Inquiry, p. 18, 19; die Klarheit und Prägnanz solcher Stellen ist in
den Principles vollkommen verwischt.

2) a law as invariable as the action of the principle of gravity; Inquiry
p. 20, Principles p. 155.

3) Inquiry, p. 20; Principles, p. 155 mit der Einschiebung: whether by
few or by many.

4) Wir können zusammenfassend betrachten, was im Inquiry von p. 21—
35 vorgetragen wird, und was im Allgemeinen den Sektionen III und IV der
Principles (p. 160—182) entspricht. Die Zerlegung des reichen Inhalts in mehrere Sektionen wäre nicht unnatürlich; aber die Trennung ist am falschen Ort
geschehen. Malthus hat nämlich allgemeine Sätze und einzelne Anwendungen

Malthus beginnt nun damit, dass er den historischen Gang, welchen die Rente allmählich durchläuft, zur Anschauung bringt. Die Darstellung ist auch hier eine mustergültige; wir sehen den Schriftsteller mit dem ersten Versuche, den er unternimmt, sofort auch die volle Erkenntniss finden, deren wir heute uns rühmen. „Sobald, sagt **Malthus**, das Kapital sich vermehrt hat, und die Arbeit auf den vorzüglichsten Böden eines Landes billiger geworden ist, so lassen sich andere Böden, die in Bezug auf Fruchtbarkeit oder Lage weniger günstige Eigenschaften zeigen, mit Vortheil in Besitz nehmen. Da die Kosten des Anbaues, wozu auch der Kapitalgewinn gehört, geringer geworden, kann unfruchtbarerer oder vom Markte entfernterer Boden, wenn er auch Anfangs keine Rente abwirft, jene Kosten wenigstens vollkommen ersetzen und für den Landwirth vollkommen einträglich sein. Und sobald dann entweder der Gewinnsatz oder der Arbeitslohn oder beide noch weiter gefallen sind, so lässt sich noch ärmerer oder noch weniger günstig gelegener Boden in Anbau nehmen. Und bei jedem Schritt müssen offenbar, wenn der Getreidepreis nicht fällt, die Bodenrenten steigen. Der Preis des Getreides aber kann nicht fallen, so lange der Fleiss und die Geschicklichkeit der arbeitenden Klassen, unterstützt durch die Kapitalien derer, die sich nicht mit dem Ackerbau beschäftigen, den Pächtern und Grundeigenthümern etwas im Tausche zu bieten vermag, wodurch diese veranlasst werden, ihre Bemühungen in der Landwirthschaft fortzusetzen und ihren steigenden Ueberschuss weiter zu erzeugen" [1]).

Wenn wir die Bedingung, die **Malthus** hier aufstellt, damit wirklich immer neuer Boden in Anbau genommen wird und die Rente auf diese Weise stetig steigt, in der uns geläufigen Sprache ausdrücken, so kommt es eben mit andern Worten darauf an, dass nach allem producirten Getreide eine Nach-

---

gegeben, die letzteren für den Fall des Steigens und für den Fall des Sinkens durchgeführt; die Principles haben das Allgemeine und die ·Anwendungen auf das Steigen der Rente in die eine lange Sektion (160—178) und die Anwendungen auf das Fallen in eine kurze (178—182) zusammengefasst!

1) **Inquiry**, p. 21, 22. Dieser wichtige Absatz und der vorhergehende sind in den Principles weggelassen.

frage besteht, die mit Zahlungsfähigkeit der Abnehmer verbunden ist. Für Malthus ist es nicht fraglich, dass Getreide immer begehrt wird; es ruft, wie er glaubt, seine eigenen Verzehrer mit Nothwendigkeit ins Leben. Es handelt sich also für die immer weitergehende Ausdehnung des Anbaues noch um zweierlei Dinge. Einerseits darum, dass durch Anhäufung von Kapital die Möglichkeit den Landwirthen geboten ist, eine grössere Produktion zu beginnen. Andrerseits muss aber auch der Landwirth einen Anreiz erhalten zur Produktion, und dieser ist dann gegeben, wenn die Gegenstände, welche die Industrie zu bieten vermag, sein Begehren erregen. Wenn wir annehmen, dass die letztere Voraussetzung nach den ersten Anfängen der Kultur immer verwirklicht ist, so wächst nach Malthus mit jeder Vermehrung des Kapitals der Anbau, dadurch aber gleichzeitig die Rente derjenigen Böden, die sich bei der jeweiligen Ausdehnung des Anbaues bereits in Kultur befinden.

Wir haben gesehen, dass die älteren Nationalökonomen von Smith an, ja noch früher, die Rente als einen Ueberschuss des Preises über die gewöhnlichen Kosten der Produktion erklärt haben. Von dieser Grundlage aus hätte es ihnen nicht schwer fallen können, weitere Einsicht in die Gesetze der Rente zu gewinnen. Allein sie haben aus dem Satze keinerlei Folgerungen gezogen, und so blieb auch dieses Verdienst für Malthus aufbewahrt. Er entwickelt aus jener Grundwahrheit die viererlei Hauptfälle, in denen ein Steigen der Rente eintritt, nämlich Sinken des Kapitalgewinnes, Sinken des Arbeitslohnes, Ersparung an Kapital und Arbeit und endlich Erhöhung des Produktenpreises. Das Sinken des Kapitalgewinnes ist ihm die Folge der Anhäufung von Kapital, das Sinken des Arbeitslohns die Folge zu grosser Volksvermehrung, Ersparung an Kapital und Arbeit die Folge wachsender Einsicht oder grösseren Fleisses im Ackerbau. Der hohe Preis kann die Folge auswärtiger Nachfrage nach Bodenprodukten sein, oder der auswärtigen Nachfrage nach Industrieprodukten, oder überhaupt Folge der Ausbildung der Industrie des Landes [1]).

1) Inquiry, p. 22—27. Von den Ausführungen der Principles von p. 160 bis 174 ist nur der kleinste Theil im Inquiry enthalten, namentlich nicht die

Nachdem er bis hieher in seiner Rententheorie gelangt ist, entwickelt Malthus noch einige wichtige Folgerungen, die, so neu und merkwürdig sie seinen Zeitgenossen erscheinen mussten, ebenso unzweifelhaft und selbstverständlich für uns heute sind. Zuerst begründet er den Satz, dass kein neuer Anbau möglich ist, wenn nicht zuvor die Rente auf dem bereits in Kultur befindlichen Boden gestiegen ist oder eine Steigerung gestatten würde —. „Boden von geringerer Qualität", so wird der Beweis geführt, „erfordert eine grössere Kapitalmenge, um ein gegebenes Erzeugniss zu liefern, und wenn der gegenwärtige Preis dieses Erzeugnisses nicht hinreicht, die Produktionskosten einschliesslich des Kapitalgewinns nach dem jetzigen Satze dieses Gewinns zu decken, so unterbleibt der Anbau. Wo aber der Unterschied zwischen dem Produktenpreis und den Kosten der Produktion grösser wird, da steigen die Renten. Es kann also nie lohnen, frischen Boden von ärmerer Beschaffenheit in Anbau zu nehmen, bis die Renten auf dem bereits kultivirten Boden gestiegen sind oder eine Steigerung gestatten würden" [1]).

Mit diesem Satze parallel geht ein zweiter, dass auch auf dem bereits im Anbau befindlichen Boden keine Neuverwendung von Kapital erfolgen kann ohne vorhergegangene Steigerung der Renten. Es ist in hohem Masse bewundernswerth, dass Malthus sofort auch die zweite Art, in der eine Ausdehnung des Anbaues erfolgt, ohne dass nämlich der bereits kultivirte Boden verlassen wird, erkannt und berücksichtigt hat. „Es ist ebenso wahr", sagt er, „dass ohne das nämliche Streben der Renten zum Steigen, welches aus den nämlichen Ursachen folgt, es nicht lohnend sein kann, frisches Kapital auf die Verbesserung alten Bodens zu verwenden, — wenigstens unter der

---

zehn Absätze von p. 161—166, die fünf Absätze, aufangend mit the state of money prices, p. 167 bis p. 170. In dem Inquiry sind die vier Fälle blos begrifflich isolirt; dass sie — was Malthus nicht behauptet hatte — auch so getrennt vorkommen können, ist dann namentlich von Ricardo, Principles ch. 32 (Works p. 250—52) angezweifelt worden, und — was bedenklich erscheint — Malthus sucht auch dieses in dem späteren Werk zu vertheidigen.

1) Inquiry, p. 27, 28; bis auf eine kleine (wohl unabsichtliche) Auslassung ebenso: Principles, p. 174, 75.

Voraussetzung, dass jede Wirthschaft mit soviel Kapital versehen ist, als bei dem augenblicklichen Satze des Kapitalgewinns mit Vortheil angewendet werden kann"[1]).

Der dritte Satz, den Malthus hier anschliesst, ist ebenfalls von grossem Interesse. Wenn nämlich auch die Möglichkeit, den Anbau auszudehnen, von einer vorhergehenden Erhöhung der Renten abhängt, so steht die Grösse der Ausdehnung des Anbaues nicht im Verhältniss zur Grösse der Rentensteigerung. Vielmehr kann eine mässige Steigerung der Rente eine sehr starke Ausdehnung des Anbaues ermöglichen. Ueberhaupt wächst mit der Ausdehnung des Anbaues, wie Malthus zeigt, zwar die Summe der bezogenen Renten, aber der Bruchtheil, den dieselben vom Gesammtertrag ausmachen, nimmt ab[2]).

Malthus hat dann auch die entgegengesetzten Fälle kurz erwähnt: dass beim Sinken der Renten unfruchtbarer Boden der Kultur entzogen wird, dass unter der nämlichen Voraussetzung der im Anbau bleibende Boden schlechter bearbeitet wird, dass ein schwaches Sinken der Rente eine bedeutende Verminderung des Anbaues zur Folge haben kann, endlich dass, gerade wenn die Renten sinken, sie einen wachsenden Bruchtheil des Gesammterzeugnisses in Anspruch nehmen[3]).

Nach dieser vollständigen Erläuterung des Wesens und der Eigenthümlichkeiten der Rente, kann Malthus nicht umhin, seine oft geäusserte Ueberzeugung von der Nothwendigkeit, ja der Erspriesslichkeit dieser Einkommensart nochmals und bestimmter zu wiederholen. „Versuchte man, den Preis der Bodenprodukte in einer reichen und hochentwickelten Nation soweit herabzudrücken, dass kein Ueberschuss in Form von Rente irgendwo mehr sich ergäbe, so würde damit unver-

---

1) Inquiry, p. 28, 29; ebenso Principles, p. 175.

2) Inquiry, p. 29—32; Principles, p. 176, 77.

3) Inquiry, p. 32—35; nur theilweise wiederholt in den Principles, p. 180—182, dafür ist hier eine dem prinzipiellen Charakter der ganzen Darstellung wenig entsprechende Betrachtung über den Einfluss der Friedensschlüsse von 1815 auf die Rentenverhältnisse in England eingeschaltet.

meidlich nicht blos aller arme Boden, sondern aller Boden mit
bloser Ausnahme des besten ausser Bebauung gesetzt, und Bo-
denertrag und Volkszahl wahrscheinlich auf weniger als ein
Zehntel ihrer vorherigen Höhe herabgemindert."[1])
Mit dieser treffenden Bemerkung schliesst der dritte Theil
der Schrift, wenn wir die Erledigung dreier bedeutender Gegenstände unter einem einzigen Gesichtspunkt zusammenfassen
wollen. Die Darstellung der allgemeinen Entwickelung der
Rente, die näheren Ursachen der Rente, die wichtigsten Consequenzen aus dem Wesen der Bildung der Rente, — diese
Themata sind in der Abtheilung zu ihrem vollen Rechte gekommen.

Man wird zugeben, dass dem Malthus ein vortreffliches
Verständniss der Rentenerscheinung nachzurühmen wäre, wenn
hier seine Abhandlung ihr Ende hätte. Allein in Wirklichkeit
beginnt hier erst der bemerkenswertheste Theil, der den wichtigsten Satz der modernen Rententheorie mit der durchsich-
tigsten Klarheit darstellt und zugleich dadurch besonders
merkwürdig ist, dass der Entdecker dem vollen Bewusstsein
Ausdruck gibt von der Grösse und Neuheit der ihm zu Theil
gewordenen Erkenntniss.

Man kann nämlich die Malthus'sche Rententheorie immer noch unvollständig finden. Der Schriftsteller hat zwar
in allgemeinen Zügen das Werden und Wachsen der Rente
vorgeführt und die Gesetze, die darauf von Einfluss sind. Allein
damit hat er uns noch nicht in den Stand gesetzt, dass wir
genau angeben können, wie hoch sich dem absoluten Betrage
nach in einem bestimmten Zeitpunkt die Rente der verschiedenen Böden beläuft. Dazu ist vor Allem nöthig, das wahre
Gesetz, von welchem der Getreidepreis beherrscht wird, aufzufinden. Malthus hat nun in dem nächstfolgenden Abschnitt
sich dazu gewandt, nach diesem Preisgesetz zu fragen, und er
hat dasselbe in seiner vollen Richtigkeit nachgewiesen[2]).

---

1) Inquiry, p. 35; ebenso Principles, p. 182. Die Ausführung passt aber
hier schlecht unter die Ueberschrift der Sektion: of the causes which tend to
lower rents.

2) Wir rechnen diesen Abschnitt im Inquiry von p. 35 bis p. 41; er be-

Wenn irgendwo in der ganzen Untersuchung, so spricht
gerade hier die Darstellung so sehr für sich selbst und erfüllt
in so vollendeter Weise ihren Zweck, dass für eine besondere
Erläuterung kaum eine Stelle bleibt.

Wenn die Anhänger der
herrschenden Rententheorie seit R i c a r d o sachlich genau dasselbe über die Frage ausgeführt haben wie M a l t h u s, so zeigt
sich doch, dass gerade dem ersten Entdecker die klarste und
anmuthigste Form der Auseinandersetzung gelungen ist.

„Die Höhe der jeweiligen Bodenrente ist nöthig für das
jeweilige Bodenerzeugniss, und der Preis des Erzeugnisses muss
in jeder fortschreitenden Gesellschaft gerade annähernd gleich
sein den Produktionskosten auf dem ärmsten gegenwärtig in
Benutzung stehenden Boden, oder aber den Kosten, die nöthig
sind, um auf dem alten Boden solches zusätzliche Erzeugniss
hervorzubringen, das nur den gewöhnlichen Ertrag eines in der
Landwirthschaft angewendeten Kapitals mit wenig oder gar
keiner Rente abwirft."

„Es ist ganz offenbar, dass der Preis nicht niedriger sein
kann, oder aber solcher Boden würde nicht angebaut, respek-
tive solches Kapital würde nicht angewendet. Der Preis kann
aber auch niemals wesentlich höher sein, weil der arme Boden,
der jeweils in frischen Anbau genommen wird, Anfangs wenig
oder gar keine Rente abwirft, und weil es für einen Pächter,
der Kapital zur Verfügung hat, immer lohnend ist, dasselbe
auf seinem Felde anzuwenden, wenn die Vermehrung des Erzeugnisses, die dadurch erfolgt, ihm den vollen seinem Kapital
entsprechenden Gewinn liefert, wenn auch dadurch für den
Grundeigenthümer Nichts gewonnen wird."

„Es folgt daher, dass der Preis der Bodenerzeugnisse,
wenn wir die g a n z e p r o d u c i r t e M e n g e in das Auge fassen, sich stellt auf den natürlichen oder nothwendigen Preis [1]),

steht aus dreizehn Alinea's. Die Sektion V in den Principles beginnt mit den
neun ersten dieser Alinea's und hat das zehnte als Schluss. Dazwischen aber
hat M a l t h u s lange Betrachtungen eingeschoben, welche darauf ausgehen, seine
eigenen Entdeckungen abzuschwächen und in ihrer Tragweite herabzusetzen.
Die Ueberschrift der Sektion drückt wieder gar nicht aus, was darin enthalten
ist: „das Gesetz des Getreidepreises".

1) Also Einheitlichkeit des Preisgesetzes für alle Güter!

das heisst, auf den Preis, der nothwendig ist, um die gegenwärtige Menge des Erzeugnisses zu erhalten, wiewohl bei Weitem der grösste Theil des Erzeugnisses zu einem Preis verkauft wird, der die Kosten seiner Erzeugung erheblich übersteigt, weil nämlich der betreffende Theil mit geringeren Kosten hergestellt ist, aber darum keinen geringeren Tauschwerth hat."

„Der Unterschied zwischen dem Preis des Getreides und
dem Preis von Industrieprodukten, wenn wir .den Einfluss des
natürlichen oder nothwendigen Preises in das Auge fassen, ist
der folgende. Wenn der Preis eines Industrieproduktes wesentlich heruntergedrückt wird, so hört der ganze Industriezweig
auf, während, wenn der Preis des Getreides wesentlich herab-
gedrückt wird, nur die Menge desselben sich vermindert.
Es gäbe dann immer noch einige Maschinen im Land, die im
Stande wären, auch zu dem verminderten Preis die Waare zu
Markt zu bringen." [1])

Da er hier die Erde mit einer Maschine verglichen hat,
führt Malthus dann in der instruktivsten Weise durch, welche
Eigenthümlichkeiten der Boden, als Maschine aufgefasst, besitzt.
Einmal, sagt er, ist der Boden einer Reihe von Maschinen zu
vergleichen, aus denen man mit Hülfe wachsenden Kapitals
wachsende Erzeugnisse gewinnen kann, die aber unter einander
„von sehr ungleichen ursprünglichen Eigenschaften und Kräften"
sind [2]). Weiter ist folgender Unterschied zwischen industriel-
len Maschinen und dem Boden vorhanden. Die bessere Maschine in der Industrie setzt die schlechte vollständig ausser
Gebrauch; in der Landwirthschaft dagegen müssen neben den
guten Böden auch die schlechten bebaut werden [3]). Daher
richtet sich der Preis der Industrieprodukte nach den Kosten,
welche die Herstellung mittelst der besten Maschine nöthig
macht, der Preis des Getreides nach den Kosten, welche die
Gewinnung auf schlechtem Boden verursacht. „Bei den
Manufakten", sagt Malthus, „sinkt der Preis auf die Kosten

1) Inquiry, p. 35—37; ebenso Principles, p. 183, 184.
2) Inquiry, p. 37; Principles, p. 184.
3) Inquiry, p. 37, 38; Principles, p. 184, 185.

der Produktion mit Hülfe der besten Maschine" [1]). Dagegen sagt er vom Getreide: „Die fruchtbarsten Böden eines Landes, diejenigen, welche wie die beste Maschine in der Industrie das grösste Erzeugniss mit der geringsten Aufwendung von Arbeit und Kapital liefern, zeigen sich niemals genügend, der wirksamen Nachfrage einer zunehmenden Volksmenge zu entsprechen. Desshalb steigt nothwendiger Weise der Preis der Bodenprodukte, bis er hinlänglich hoch ist, um die Kosten der Herstellung mit schlechteren Maschinen und einem kostspieligeren Verfahren zu decken" [2]).

Mit Hülfe dieser Betrachtungen fasst dann M a l t h u s das Gesetz des Getreidepreises nochmals in treffender Form zusammen: „Die Ursache eines hohen Geldpreises des Getreides ist (abgesehen von zeitweisen und zufälligen Umständen) der hohe reelle Preis, das heisst die gesteigerte Menge Kapital und Arbeit, welche angewendet werden müssen, es zu erzeugen, und die Ursache, warum dieser reelle Preis höher und stetig steigend ist in Ländern, die schon reich sind und an Gedeihen und Volkszahl noch zunehmen, liegt in der Nothwendigkeit, stets zu ärmerem Boden Zuflucht zu nehmen, zu Maschinen, deren Ausnutzung eine grössere Ausgabe erfordert, und die daher bewirken, dass jede neue Vermehrung der Bodenprodukte mit einem grösseren Aufwand erkauft werden muss. Kurz, jene Ursache liegt begründet in der wichtigen Wahrheit, dass Getreide in einem fortschreitenden Lande zu dem Preise verkauft wird, der nöthig ist, den gegenwärtigen Vorrath zu ergeben, und dass, weil die Beschaffung dieses Vorraths schwerer und schwerer wird, die Preise entsprechend steigen" [3]).

Mit dieser Auseinandersetzung über den Preis des Getreides hat M a l t h u s die Erklärung der Rente vollständig

---

1) Inquiry, p. 38; Principles, p. 185.

2) Ebendas.

3) Inquiry, p. 41. Die betreffende Ausführung findet sich auch in den Principles, p. 194, aber in einem falschen Zusammenhang, nämlich in der folgenden Sektion, und auch noch desshalb ihres hauptsächlichen Werthes beraubt, weil die Anfangsworte lauten: die z w e i t e Ursache. Die erste Ursache soll sonderbarer Weise in den Geldverhältnissen liegen. Ferner ist „real price" ersetzt durch: cost of production, resp. durch: price.

erschöpft. Die Nachfolger haben in Bezug auf die theoretische Seite der Frage, in Bezug auf die vollständige Analyse des Vorgangs dieser Darstellung Nichts hinzuzufügen gehabt. Die Leistung des Genie's, eine ganz neue Auffassung, eine ganz veränderte Anschauung zur Herrschaft zu bringen, — sie ist in Bezug auf die Rente M a l t h u s nachzurühmen. War einmal die Idee in solcher Vollständigkeit und Deutlichkeit ausgesprochen und bekannt geworden, so konnte es nicht fehlen, dass sie bald in alle ihre möglichen Consequenzen verfolgt wurde; es musste nur die Ausbildung dann rascher und reicher erfolgen, wenn ein gleichfalls ausgezeichneter Geist sich dieser weiteren Aufgabe annahm. Dass aber M a l t h u s selber verstand, wie erst durch seine Darstellung die Rente vollkommen erklärt worden ist, das zeigt er in doppelter Weise. Einerseits nämlich gibt er seiner Verwunderung Ausdruck, dass der von ihm so hoch verehrte S m i t h ein Gesetz für den Getreidepreis nicht aufgefunden hat [1]). Ausserdem aber fällt er in Bezug auf seine eigene Leistung folgendes Urtheil: „Ich hoffe auf Entschuldigung, wenn ich bei der Lehre, dass Getreide, wenn man die z u r Z e i t e r z e u g t e G e s a m m t m e n g e in Betracht zieht, gerade wie Manufakte zu seinem nothwendigen Preise verkauft wird, — wenn ich bei dieser Lehre ein wenig verweile und dieselbe in mehreren verschiedenen Formen zur Darstellung bringe, denn ich erblicke hierin eine Wahrheit von der allergrössten Wichtigkeit, die gänzlich übersehen worden ist, sowohl von den Oekonomisten wie von A d a m S m i t h wie auch von allen Schriftstellern, welche die Sache so dargestellt haben, als würden die Bodenprodukte immer zu einem Monopolpreise verkauft" [2]).

Es werden sich wenig Schriften anführen lassen, die mit einem so geringen Umfang einen so reichen Inhalt verbinden wie unsere „Untersuchung" von M a l t h u s. Wir haben bereits

---

1) I n q u i r y , p. 39, 40. Auch das ist in den P r i n c i p l e s , p. 192, 193, unrichtig in die folgende Sektion hinübergenommen; der Gegensatz zu S m i t h ist dabei auch sachlich etwas gemildert.

2) I n q u i r y , p. 39; ebenso P r i n c i p l e s , p. 191, nur ist the highest importance abgeschwächt in: high importance.

vier Theile der Schrift unterschieden, und doch bleibt noch fast ein volles Drittel derselben zu betrachten. In diesem Schlussabschnitt hat nun der Schriftsteller auch noch die wichtigsten praktischen Probleme berührt, die auf dem Grund einer richtigen Einsicht in das Wesen der Rente sich entscheiden lassen. Wenn auch bei der ansehnlichen Zahl dieser Fragen die Behandlung der einzelnen nur eine knappe sein kann, so ist es schon bewundernswerth, dass Malthus überhaupt mit so grosser Umsicht dieselben aufzuzählen wusste, und wir dürfen hinzufügen, dass er überdies die für die Entscheidung massgebenden Gesichtspunkte durchweg richtig angegeben hat.

Zuerst wird der Einfluss des internationalen Getreidehandels auf die Rente betrachtet [1]). In ansprechender Weise stellt uns Malthus vor die folgende Alternative. Bei gesetzlich beschränkter Einfuhr hat das reichste Land einen viel höheren Getreidepreis als die ärmeren; dagegen bei freier Einfuhr hat das reiche Land einen verhältnissmässig schwächeren Getreidebau als die ärmeren, wird also für seinen Unterhalt von der Zufuhr der ärmeren Länder abhängig. „Bei freier Einfuhr des Getreides", sagt Malthus, „kann kein erheblicher Unterschied im Preise unter den Ländern bestehen, desshalb auch keine erhebliche Verschiedenheit in der Kapitalmenge, die dem Ackerbau zugeführt wird, und in der Getreidemenge, die geerntet wird" [2]). Da nun das reiche Land mehr Getreide braucht, so ergibt sich die Folge von selbst.

Demnächst betrachtet Malthus die Wirkungen einer allmählich sich verbessernden Technik im Ackerbau [3]). Davon wird gesagt, dass hier die wichtige Ursache liege, wodurch das Anwachsen des Getreidepreises verzögert wird. Allein ebenso bestimmt fügt Malthus auch hinzu, dass solche Verbesserungen nicht hinreichen, die Nothwendigkeit des Anbaues der

---

1) Inquiry, p. 42—45; wörtlich ebenso Principles, p. 195—197.
2) Inquiry, p. 43; Principles, p. 195, 196.
3) Inquiry, p. 42, 43; wörtlich ebenso (bis auf den Ausdruck cost of production statt real price) Principles, p 197, 198. Der Gegenstand bildet mit dem vorigen den Hauptinhalt einer Sektion, deren Ueberschrift ist: Zusammenhang von Reichthum und hohem Getreidepreis.

ärmeren Böden vollkommen auszuschliessen. Daher besteht nach Malthus ein Gegensatz zwischen der Preisentwickelung der Manufakte und derjenigen der Bodenerzeugnisse. Jene werden im Fortgang der Kultur immer billiger, diese immer theuerer; jene sind in armen, diese in reichen Ländern am höchsten im Preis. Darum widerspricht auch Malthus der Behauptung des Smith, wonach Gold und Silber in reichen Ländern den höchsten Tauschwerth hätten. Malthus führt im Gegentheil aus, dass, wenn wir die Edelmetalle mit den wichtigsten Waaren, nämlich mit Getreide und Arbeit, vergleichen, ihr Tauschwerth in den reichsten Ländern der niedrigste ist; diese Ansicht hat Ricardo (Princ. K. 28) adoptirt. Die folgende Frage, die aufgeworfen wird, betrifft den Einfluss des Getreidepreises auf die Lage der arbeitenden Klassen [1]. Malthus zeigt, dass ein dauernd hoher Getreidepreis den Arbeitern nicht schädlich ist, dass ihre Lage vielmehr abhängt einerseits von der Nachfrage nach Arbeit, andrerseits von dem Masse, in welchem die Arbeiterzahl sich vermehrt. Wenn die Nachfrage nach Arbeit nur in demselben Masse steigt, wie der Getreidepreis zunimmt, so bessert sich sogar die Lage des Arbeiterstandes, weil nämlich dann der Lohn im Verhältniss zu allen Waaren ausser Getreide einen höheren Tauschwerth gewinnt. So schliesst denn Malthus diese Betrachtung mit folgenden Sätzen: „Der hohe oder niedrige Preis der Nahrungsmittel in einem Lande ist ein sehr unsicheres Kennzeichen für den Zustand der Besitzlosen in diesem Land. Ihre Lage hängt offenbar von andern mächtigeren Umständen ab, und es ist wahrscheinlich richtig, dass dieselbe ebenso häufig oder häufiger günstig ist in den Ländern, wo das Getreide theuer, als wo es billig ist" [2].

Merkwürdig ist, dass auch Malthus schon, ganz wie die neuesten Vertreter der herrschenden Grundrentenlehre, in der Rentenerscheinung das Moment erblickt hat, welches dem Wachsthum der Nationen eine Schranke setzt. „Der hohe Preis

1) Inquiry, p. 47—51. In den Principles findet sich von dieser Betrachtung nichts, ebensowenig etwas von den zwei folgenden.
2) Inquiry, p. 51.

des Getreides", sagt er, „der aus der Schwierigkeit es zu gewinnen entsteht, kann als die endliche Schranke angesehen
werden, die dem unbegränzten Fortschritt einer Nation im
Reichthum und in der Volkszahl sich entgegensetzt.

Und wie-
wohl gegenwärtig die Entwickelung der Länder in der Rasch-
heit ihrer Bewegung grossem Schwanken durch äussere und
innere Verhältnisse ausgesetzt ist, und es desshalb voreilig
wäre, zu sagen, dass ein Staat, der jetzt schon wohlbevölkert
ist und nur langsam zunimmt, nicht in vierzig Jahren schnell
zunehmen kann: so wird man doch einräumen, dass die Wahrscheinlichkeit eines künftigen raschen Fortschrittes vermindert
wird, weil im Vergleiche mit andern Ländern die Preise von
Getreide und Arbeit hoch sind ¹)."

Ein besonders wichtiges Thema zieht weiter die Aufmerksamkeit des Schriftstellers auf sich: der Einfluss der Besteue-
rung²). Der Hauptinhalt der Sätze, die darüber ausgesprochen werden, ist der, dass der Pächter die Steuer, die auf
sein Betriebskapital gelegt wird, nicht auf die Dauer trage.
Vielmehr wälze er sie bei der Erneuerung des Pachtvertrags
auf den Grundeigenthümer ab. Zugleich aber, — und das steht
in enger Verbindung mit der neuen Theorie der Rente, — hat
die Besteuerung des landwirthschaftlichen Kapitals offenbar
noch eine andere Folge. Sie erschwert die Ausdehnung des
Anbaues, und ehe eine Erweiterung des Anbaues möglich ist,
muss daher der Preis so hoch steigen, dass er auch die Steuer
deckt. Mit andern Worten: sobald eine Ausdehnung des Anbaues nöthig wird, erfolgt die Abwälzung der Steuer auf den
Consumenten. Es muss als eine der wichtigsten Stellen der
Schrift bezeichnet werden, was Malthus in dieser Hinsicht
bemerkt: „Jede Steuer, welche das landwirthschaftliche Kapital trifft, hat die Wirkung, die Anwendung solchen Kapitals
auf die Urbarmachung frischen Bodens und auf die Verbesse-

---

1) Inquiry, p. 51, 52. — Vgl. Mill, Grundsätze der politischen Oekonomie, a. a. O., p. 139: „diese beschränkte Menge des Bodens und dessen beschränkte Produktivität sind die thatsächlichen Grenzen der Vermehrung der
Produktion."

2) Inquiry, p. 52—54. Darauf beruht Kap. 12 der Ricardo'schen
Principles.

ruug des alten zu erschweren. In einem früheren Abschuitt dieser Untersuchung ist nachgewiesen, dass, ehe eine solche Kapitalverwendung Statt finden kann, der Preis des Getreides, verglichen mit den Auslagen für die Produktion, hinlänglich steigen muss, um den Landwirth zu entschädigen. Wenn aber die zu überwindende Schwierigkeit durch eine Steuer noch gesteigert ist, so ist erforderlich, ehe die beabsichtigten landwirthschaftlichen Verbesserungen vorgenommen werden, dass zuvor der Getreidepreis hinlänglich steigt, nicht blos den Landwirth, sondern auch den Staat zu bezahlen. Und jede Steuer, welche das landwirthschaftliche Kapital trifft, verhindert entweder die beabsichtigte Verbesserung oder lässt sie theurer zu stehen kommen" [1]).

Endlich betrachtet Malthus die Bedeutung der Rente für den Grundeigenthümer [2]). Er hebt zunächst hervor, dass die Grundeigenthümer mit dem Steigen des allgemeinen Wohlstandes eine Vermehrung des eigenthümlichen Einkommens, das ihren Reichthum bildet, erwarten dürfen. Er betont auch schon sehr scharfsinnig, dass diese Vermehrung der Rente nicht blos die Folge des steigenden Getreidepreises ist, sondern auch der vermehrten Getreidemenge, die zur Produktion kommt, wie Ricardo (Works, p. 44, 377) es dann ausdrückt, dass der Grundeigenthümer nicht blos immer mehr Geld, sondern auch immer mehr Getreide bezieht. Malthus hebt aber auch hervor, dass noch stärker als der Reichthum der Grundeigenthümer derjenige der Kapitalbesitzer wächst, und das hängt mit dem früher erwähnten Satze zusammen, dass die Rente in einem fortschreitenden Gemeinwesen immer stärker wird, aber einen immer schwächeren Bruchtheil des Ertrags ausmacht. Deshalb nimmt das gesellschaftliche Uebergewicht der Grund-

---

1) Inquiry, p. 52—53.
2) Inquiry p. 54—61. Diese ganze Ausführung ist mit Ausnahme eines einzigen Absatzes, der nur für die Zeit von 1815 passte, wörtlich abgedruckt in den Principles, p. 199—204, und bildet die Sektion VII des Kapitels über die Rente. Die Ueberschrift aber der Sektion deckt nur einen Theil des Inhalts, da sie lautet: „Von den Umständen, die den Grundeigenthümer bei der Verpachtung irre leiten, und von dem Schaden, der daraus ihm und dem Lande entsteht."

eigenthümer über die andern Klassen auch immer mehr ab.
Malthus gibt dann den Grundeigenthümern noch zwei Rath-
schläge. Sie sollen keine ungerechtfertigt hohen Pachtzinse
annehmen, auch wenn dieselben ihnen angeboten werden. Sie
schädigen dadurch das Kapital des Pächters und damit den
Anbau. Von der Verbesserung aber und der Ausdehnung des
Anbaues hängt das stetige Steigen der Rente ab. Ebenso wird
den Bodenbesitzern empfohlen, nicht wegen einer vorübergehen-
den Theuerung des Getreides die Pacht zu erhöhen; wenn dann
auch die Pächter besonders hohen Gewinn machen, so kommt
derselbe regelmässig dem Boden zu gute. Malthus weist im
Zusammenhang damit noch darauf hin, dass die Zahlung der
Pacht nicht zum Schaden, sondern eher zum Vortheil der Ge-
sammtheit geschieht. „Es ist kein Grund anzunehmen, dass
Getreide reichlicher und billiger wäre, wenn die Böden ihre
Renten gänzlich zum Vortheil der Pächter abwürfen. Wenn
die Auffassung des Gegenstandes, die in der vorstehenden Untersuchung vertreten wird, die richtige ist, so werden die letzten Vermehrungen, die unserm heimischen Bodenerzeugniss
hinzugefügt werden, zu den Produktionskosten verkauft, und
dieselbe Menge könnte auch ohne jeden Pachtzins nicht um
einen niedrigeren Preis auf unserm Boden erzeugt werden.
Die Wirkung der Uebertragung aller Renten an die Pächter
würde blos die sein, dieselben zu vornehmen Herren zu machen,
und sie in Versuchung zu führen, dass sie den Anbau unter
die Aufsicht sorgloser und unbetheiligter Inspektoren stellen,
statt unter das wachsame Auge des Herrn, der aus Furcht
vor dem Ruin sich vor Nachlässigkeit hütet und durch die
Hoffnung auf einen reichlichen Unterhalt zu Anstrengungen an-
geeifert wird" [1]. —

Ricardo
über
Malthus. Mit diesem Gegenstande schliesst die Schrift. Wir werden aber noch über einen weiteren Punkt eine Aufklärung
wünschen. Wenn wir aus der Malthus'schen „Untersuchung"
den Eindruck erhalten haben, dass hier bereits eine erschö-

---

1) Inquiry, p. 57, 58; Principles, p. 201, 202.

pfende Darstellung der modernen Grundrentenlehre dargeboten wird, wenn wir wissen, dass diese Darstellung Ricardo vor der Veröffentlichung seiner Schriften über die Rente vorgelegen hat, wenn wir dadurch bestimmt sind anzunehmen, dass Ricardo seine Rentenlehre aus jener „Untersuchung" herübergenommen hat, — so werden wir noch erfahren wollen, wie dieser letztere Schriftsteller vor der Oeffentlichkeit sich zu der kleinen Broschüre des Malthus verhalten hat. Es kommen hier zwei Schriften des Ricardo in Betracht: die Abhandlung „über den Einfluss eines niederen Getreidepreises auf den Kapitalgewinn" und das Hauptwerk „Grundgesetze der politischen Oekonomie".

Die erstere Schrift enthält den Namen des Malthus schon im Titel[1]), und derselbe Name eröffnet die Darstellung. Die von jenem aufgestellte Definition der Rente, die Ricardo als eine „sehr richtige" bezeichnet, nimmt dieser zum Ausgang für seine eigene Beweisführung. Auch im weiteren Verlauf sind mehrere Ausführungen der „Untersuchung" mit dem grössten Lobe erwähnt. So heisst es einmal[2]): „Malthus liefert mir ein glückliches Bild; er hat sehr richtig verglichen „„den Boden mit einer grossen Anzahl Maschinen, die alle durch Verwendung von Kapital beständiger Verbesserung fähig sind, aber sehr ungleiche ursprüngliche Eigenschaften und Kräfte besitzen."" Ferner werden die Bemerkungen über Getreideeinfuhr vom Ausland, die Malthus gemacht hat, als besonders meisterhaft hervorgehoben[3]). Auch die Ausführung, dass nicht aller Boden Rente abwirft, theilt Ricardo wörtlich mit[4]). Nur ein einziges Mal ist gegen eine Ansicht der „Untersuchung" Wi-

---

1) An essay on the influence of a low price of corn ... with remarks on Mr. Malthus' two last publications etc.

2) Influence of a low price of corn on the profits of stock, (Works of Ricardo, p. 380 N.).

3) Ebd. p. 382: this principle is most ably stated by Mr. Malthus in page 42 of „an inquiry ec.".

4) Ebd. p. 388; vgl. Malthus, Inquiry, p. 3 N., Principles, p. 135 N. — Vgl. ferner Low price etc., a. a. O. p. 378: it would have no other effect, as Mr. Malthus has observed, than to enable those farmers ... to live like gentlemen.

derspruch eingelegt, und dieser ist in die bescheidenste Form
gekleidet und noch dadurch gemildert, dass die bezüglichen
Stellen aus Malthus vollständig abgedruckt werden[1]). Aber
am bemerkenswerthesten ist das Folgende. Der eigentlich
theoretische Theil in der Ricardo'schen Schrift setzt sich
aus einer Darstellung der Gesetze der Rente und einer Erörterung über den Kapitalgewinn zusammen[2]). Die letztere
Lehre, allerdings von fragwürdiger Richtigkeit, ist unbedingt
das Eigenthum Ricardo's. Seine wichtigsten Ausführungen
über die Rente aber schliesst er mit folgenden Worten: „In
Allem, was ich über den Ursprung und die Entwickelung
der Rente gesagt, habe ich jene Grundsätze kurz wiederholt
und ins Licht zu stellen gesucht, welche Herr Malthus in
so scharfsinniger Weise in seiner „Untersuchung über das
Wesen und die Entwickelung der Rente" niedergelegt hat, in
einem Werke, das einen wahren Ueberfluss originaler Gedanken enthält, die nicht blos, soweit sie die Rente betreffen, nützlich sind, sondern auch insoweit sie mit der Frage der Besteuerung sich berühren, vielleicht dem schwierigsten und ver-
wickeltesten Gegenstand, womit sich die politische Oekonomie
beschäftigt."[3]).

Hier erhalten wir also überall von Ricardo die bestimm-
testen Zeichen seiner hohen Bewunderung für Malthus, wie
sie gerade Dankbarkeit für eigene Förderung besonders leicht
einflösst. Die leichte Form der Streitschrift gestattete die
volle Entfaltung solcher Aeusserungen des Gefühls. Ganz
anders in Ricardo's Hauptwerk. Hier ist der Schriftsteller
äusserst sparsam mit Belegstellen aus fremden Schriften. Es
kommt ihm Nichts auf die Entstehung seiner Lehrsätze, Alles

---

1) Low price of corn, a. a. O., p. 372 N.: Mr. Malthus considers etc...
To me it appears that it will only augment profits.

2) Die ganze Schrift umfasst in der ursprünglichen gesonderten Ausgabe
50 Seiten; der Anfang, ein starkes Drittel, beschäftigt sich mit Rente und Kapitalgewinn im Ackerbau (bis S. 22, Works bis S. 379); dann folgt eine Erörterung des Kapitalgewinns in den übrigen Geschäftszweigen und später die praktische Anwendung auf die Frage der Getreidezölle.

3) Works, p. 375 N. — Ricardo's Lehre vom Kapitalgewinn wird neuerdings aufgenommen von Henry George, Fortschritt und Armuth (deutsch,
Berlin 1881), B. 3 K. 3.

auf ihre Richtigkeit an. Ohne jede äussere Stütze sollen die Gedanken, allein kraft der in ihnen wohnenden Wahrheit, Bestand und Herrschaft gewinnen. Fremde Meinungen führt er durchweg nur an, wenn er sie für irrthümlich hält und bekämpfen will, damit die reine Lehre nicht durch Ueberreste eines falschen Wahns entstellt werde. Die Darstellung bleibt die gleiche, ob die eigenen Schöpfungen des Schriftstellers oder gebilligte Meinungen der Früheren zum Vortrag kommen. Auch von der Malthus'schen „Untersuchung" ist der grösste Theil in das Werk übergegangen, das Meiste freilich mit neuen Gedanken verknüpft und durchwoben [1]), manche kurze Andeutung auch wohl in der Weise, wie ein unscheinbarer Riss zu einem stolzen Bau sich umbildet. Aber wenigstens in dem zweiten Kapitel Ricardo's, das über die Rente handelt, ist doch in allem Wesentlichen nur wiederholt, was Malthus zuerst dargelegt hatte, und trotzdem ist dieser Name darin nicht ein einziges Mal genannt, während die Vertreter falscher Anschauungen, wie Smith und Say [2]), Erwähnung finden, um widerlegt zu werden. Nicht als ob Ricardo den verdienten Vorgänger verleugnen wollte. Er nimmt stillschweigend auf ihn Bezug, entlehnt ihm wieder das bekannte Bild, dass die Erde aus Maschinen verschiedener Güte bestehe [3]), ja er weist noch unmittelbarer auf ihn hin, wenn er sagt: „man hat mit Recht bemerkt, dass keine Verminderung im Getreidepreis eintreten würde, wenn auch die Grundeigenthümer auf ihren ganzen Pachtzins verzichteten; eine solche Massregel würde nur einen Theil der Pächter in den Stand setzen, wie vornehme Herrn zu leben" [4]). Aber ein Name wird nie genannt; es handelt sich nur um die Vorführung einer richtigen Ansicht.

---

1) Die Theorie der Rente ist von Malthus nur in Bezug auf Getreide entwickelt; Ricardo hat das Verdienst, im Kapitel drei seines grossen Werkes dieselbe auf Mineralien übertragen zu haben.

2) Principles of political economy and taxation, ch. 2 (Works, Noten zu p. 38, 39, 40).

3) Ebd., p. 39 am Schluss, Uebersetzung von Baumstark (2. Aufl.), p. 49; es ist der Vergleich hier weitergeführt durch die Annahme, dass in der Industrie wirklich einmal der analoge Fall vorläge.

4) Ebd., p. 39 oben; Baumstark's Uebersetzung p. 48.

Freilich, wenn eine Meinung bekämpft werden soll, so muss sie mit Genauigkeit wiedergegeben werden, und dabei ist es nicht zu vermeiden, dass auch ihres Urhebers Erwähnung geschieht. Daraus ist die eigenthümliche Erscheinung entstanden, dass Ricardo in seinem Hauptwerk die Malthus'-schen Ansichten über die Rente nur anführt, soweit er sie für falsch hält, und die richtigen höchstens dann, wenn er dadurch Malthus mit sich selbst in Widerspruch bringen will. Diesem Zweck ist sogar das ganze letzte Kapitel des grossen Ricardo'schen Werkes gewidmet. Wer nicht wüsste, dass gemäss dem Plane der Darstellung hier Alles zusammengesucht ist, was sich in den Aeusserungen des Malthus rügen lässt, der müsste meinen, es könne in den Bemerkungen dieses Schriftstellers überhaupt nicht viel Richtiges enthalten sein. Am allerwenigsten lässt sich auch nur annähernd eine Vorstellung von den Malthus'schen Lehren über die Rente aus den Citaten der Ricardo'schen „Grundgesetze" gewinnen. In Wahrheit jedoch ist es, wenn man näher zusieht und soweit die Schrift „Untersuchung über das Wesen der Rente" in Betracht kommt, von dem so überaus reichen Inhalt dieser Abhandlung nur ein einziger Abschnitt, aus dem die von Ricardo bekämpften Stellen entnommen sind [1]). Es ist das jener Abschnitt, der die Darstellung eröffnet, dessen nähere Erläuterung wir versucht haben, dessen wahre Bedeutung und eigentlicher Zweck dem Ricardo verborgen geblieben sind. Wir haben gesehen, dass in jenem Theil seiner Schrift Malthus die

---

1) Das Kapitel 32 der „Grundgesetze" des Ricardo ist, abgesehen von dem einleitenden Kapitel, das längste des ganzen Werkes. Die erste Hälfte macht Einwürfe gegen die Malthus'sche „Untersuchung", die zweite gegen andere Schriften desselben Verfassers, namentlich die Observations on the effects of the corn laws und The grounds of an opinion on the policy of restricting the importation of foreign corn (vgl. Macculloch, the literature of political economy, p. 76). Was den ersten Theil anlangt (Works p. 243—52, Uebersetzung von Baumstark S. 368—82), so bestreitet Ricardo darin im Grunde nichts Anderes als die Ansicht des Malthus, wonach die Rente durch drei Umstände bedingt wäre, mit andern Worten blos die Art der Beweisführung, wodurch Malthus gezeigt hat, dass die Rente nicht als einfacher Monopolgewinn zu erklären ist.

Auffassungen der Vorgänger widerlegen wollte. Niemand wäre gewiss bereitwilliger in diesem Kampfe ihm zur Seite gestanden als Ricardo. Aber wenn Ricardo dasjenige, was nur als Beweismittel zur Widerlegung der Gegner Geltung beanspruchen konnte, wie allgemeine, um ihrer selbst willen ausgesprochene Lehrsätze auffasste, wurde naturgemäss sein Widerspruch geweckt. Wer diesen Sachverhalt kennt, wird die Aufstellungen des Malthus um der Angriffe des Ricardo willen nicht geringer schätzen. Vielmehr werden für den gerechten Beurtheiler die späteren und wichtigsten Theile der „Untersuchung" des Malthus nur noch in ein glänzenderes Licht treten, weil Ricardo sie nicht erwähnte, also darin offenbar kein Wort zu bemängeln fand.

So ist es durch eine zweifache Ursache verschuldet, wenn das unsterbliche Verdienst, das sich Malthus durch die Entdeckung der modernen Rententheorie erworben hat, nachträglich verdunkelt worden ist. Einerseits sind Malthus' eigene Ausführungen über die Rente nicht in ihrer ursprünglichen Fassung bekannt geworden, sondern in der späten und verderbten Gestalt, die in seinen Principles entgegentritt; ausserdem aber ist neben Ricardo's Hauptwerk, welches überall auf fremde Ansichten nur zum Zwecke der Polemik näher eingeht, die ältere Schrift desselben Verfassers übersehen worden, die des Malthus in so warmer Weise gedenkt.

Druck von Ed. Frommann in Jena.